ÁRABE
VOCABULÁRIO

PALAVRAS MAIS ÚTEIS

PORTUGUÊS
ÁRABE

Para alargar o seu léxico e apurar
as suas competências linguísticas

7000 palavras

Vocabulário Português-Árabe - 7000 palavras

Por Andrey Taranov

Os vocabulários da T&P Books destinam-se a ajudar a aprender, a memorizar, e a rever palavras estrangeiras. O dicionário é dividido em temas, cobrindo todas as principais esferas de atividades quotidianas, negócios, ciência, cultura, etc.

O processo de aprendizagem, utilizando os dicionários baseados em temáticas da T&P Books dá-lhe as seguintes vantagens:

- Informação de origem corretamente agrupada predetermina o sucesso em fases subsequentes da memorização de palavras
- Disponibilização de palavras derivadas da mesma raiz, o que permite a memorização de unidades de texto (em vez de palavras separadas)
- Pequenas unidades de palavras facilitam o processo de estabelecimento de vínculos associativos necessários para a consolidação do vocabulário
- O nível de conhecimento da língua pode ser estimado pelo número de palavras aprendidas

T&P Books Publishing
www.tpbooks.com

ISBN: 978-1-78716-772-8

Este livro também está disponível em formato E-book.
Por favor visite www.tpbooks.com ou as principais livrarias on-line.

VOCABULÁRIO ÁRABE
palavras mais úteis

Os vocabulários da T&P Books destinam-se a ajudar a aprender, a memorizar, e a rever palavras estrangeiras. O vocabulário contém mais de 7000 palavras de uso comum organizadas tematicamente.

O vocabulário contém as palavras mais comummente usadas
Recomendado como adicional para qualquer curso de línguas
Satisfaz as necessidades dos iniciados e dos alunos avançados de línguas estrangeiras
Conveniente para o uso diário, sessões de revisão e atividades de auto-teste
Permite avaliar o seu vocabulário

Características especias do vocabulário

* As palavras estão organizadas de acordo com o seu significado, e não por ordem alfabética
* As palavras são apresentadas em três colunas para facilitar os processos de revisão e auto-teste
* As palavras compostas são divididas em pequenos blocos para facilitar o processo de aprendizagem
* O vocabulário oferece uma transcrição simples e adequada de cada palavra estrangeira

O vocabulário contém 198 tópicos incluindo:

Conceitos básicos, Números, Cores, Meses, Estações do ano, Unidades de medida, Roupas & Acessórios, Alimentos & Nutrição, Restaurante, Membros da Família, Parentes, Caráter, Sentimentos, Emoções, Doenças, Cidade, Passeios, Compras, Dinheiro, Casa, Lar, Escritório, Trabalho no Escritório, Importação & Exportação, Marketing, Pesquisa de Emprego, Desportos, Educação, Computador, Internet, Ferramentas, Natureza, Países, Nacionalidades e muito mais ...

TABELA DE CONTEÚDOS

Guia de pronunciação   10
Abreviaturas   12

CONCEITOS BÁSICOS   13
Conceitos básicos. Parte 1   13

1. Pronomes   13
2. Cumprimentos. Saudações. Despedidas   13
3. Números cardinais. Parte 1   14
4. Números cardinais. Parte 2   15
5. Números. Frações   15
6. Números. Operações básicas   16
7. Números. Diversos   16
8. Os verbos mais importantes. Parte 1   16
9. Os verbos mais importantes. Parte 2   17
10. Os verbos mais importantes. Parte 3   18
11. Os verbos mais importantes. Parte 4   19
12. Cores   20
13. Questões   21
14. Palavras funcionais. Advérbios. Parte 1   21
15. Palavras funcionais. Advérbios. Parte 2   23

Conceitos básicos. Parte 2   25

16. Opostos   25
17. Dias da semana   27
18. Horas. Dia e noite   27
19. Meses. Estações   28
20. Tempo. Diversos   29
21. Linhas e formas   30
22. Unidades de medida   31
23. Recipientes   32
24. Materiais   33
25. Metais   34

O SER HUMANO   35
O ser humano. O corpo   35

26. Humanos. Conceitos básicos   35
27. Anatomia humana   35

28. Cabeça   36
29. Corpo humano   37

Vestuário & Acessórios   38

30. Roupa exterior. Casacos   38
31. Vestuário de homem & mulher   38
32. Vestuário. Roupa interior   39
33. Adereços de cabeça   39
34. Calçado   39
35. Têxtil. Tecidos   40
36. Acessórios pessoais   40
37. Vestuário. Diversos   41
38. Cuidados pessoais. Cosméticos   41
39. Joalheria   42
40. Relógios de pulso. Relógios   43

Alimentação. Nutrição   44

41. Comida   44
42. Bebidas   45
43. Vegetais   46
44. Frutos. Nozes   47
45. Pão. Bolaria   48
46. Pratos cozinhados   48
47. Especiarias   49
48. Refeições   50
49. Por a mesa   50
50. Restaurante   51

Família, parentes e amigos   52

51. Informação pessoal. Formulários   52
52. Membros da família. Parentes   52
53. Amigos. Colegas de trabalho   53
54. Homem. Mulher   54
55. Idade   54
56. Crianças   55
57. Casais. Vida de família   56

Caráter. Sentimentos. Emoções   57

58. Sentimentos. Emoções   57
59. Caráter. Personalidade   58
60. O sono. Sonhos   59
61. Humor. Riso. Alegria   60
62. Discussão, conversação. Parte 1   60
63. Discussão, conversação. Parte 2   61
64. Discussão, conversação. Parte 3   63
65. Acordo. Recusa   63
66. Sucesso. Boa sorte. Insucesso   64
67. Conflitos. Emoções negativas   65

Medicina 67

68.	Doenças	67
69.	Sintomas. Tratamentos. Parte 1	68
70.	Sintomas. Tratamentos. Parte 2	69
71.	Sintomas. Tratamentos. Parte 3	70
72.	Médicos	71
73.	Medicina. Drogas. Acessórios	71
74.	Fumar. Produtos tabágicos	72

HABITAT HUMANO 73
Cidade 73

75.	Cidade. Vida na cidade	73
76.	Instituições urbanas	74
77.	Transportes urbanos	75
78.	Turismo	76
79.	Compras	77
80.	Dinheiro	78
81.	Correios. Serviço postal	79

Moradia. Casa. Lar 80

82.	Casa. Habitação	80
83.	Casa. Entrada. Elevador	81
84.	Casa. Portas. Fechaduras	81
85.	Casa de campo	82
86.	Castelo. Palácio	82
87.	Apartamento	83
88.	Apartamento. Limpeza	83
89.	Mobiliário. Interior	83
90.	Quarto de dormir	84
91.	Cozinha	84
92.	Casa de banho	85
93.	Eletrodomésticos	86
94.	Reparações. Renovação	87
95.	Canalizações	87
96.	Fogo. Deflagração	88

ATIVIDADES HUMANAS 90
Emprego. Negócios. Parte 1 90

97.	Banca	90
98.	Telefone. Conversação telefónica	91
99.	Telefone móvel	91
100.	Estacionário	92

Emprego. Negócios. Parte 2 93

101.	Media	93
102.	Agricultura	94

103. Construção. Processo de construção   95

Profissões e ocupações   97

104. Procura de emprego. Demissão   97
105. Gente de negócios   97
106. Profissões de serviços   98
107. Profissões militares e postos   99
108. Oficiais. Padres   100
109. Profissões agrícolas   100
110. Profissões artísticas   101
111. Várias profissões   101
112. Ocupações. Estatuto social   103

Desportos   104

113. Tipos de desportos. Desportistas   104
114. Tipos de desportos. Diversos   105
115. Ginásio   105
116. Desportos. Diversos   106

Educação   108

117. Escola   108
118. Colégio. Universidade   109
119. Ciências. Disciplinas   110
120. Sistema de escrita. Ortografia   110
121. Línguas estrangeiras   111
122. Personagens de contos de fadas   112
123. Signos do Zodíaco   113

Artes   114

124. Teatro   114
125. Cinema   115
126. Pintura   116
127. Literatura & Poesia   117
128. Circo   117
129. Música. Música popular   118

Descanso. Entretenimento. Viagens   120

130. Viagens   120
131. Hotel   120
132. Livros. Leitura   121
133. Caça. Pesca   123
134. Jogos. Bilhar   124
135. Jogos. Jogar cartas   124
136. Descanso. Jogos. Diversos   124
137. Fotografia   125
138. Praia. Natação   126

EQUIPAMENTO TÉCNICO. TRANSPORTES   127
Equipamento técnico. Transportes   127

139. Computador   127
140. Internet. E-mail   128

Transportes   129

141. Avião   129
142. Comboio   130
143. Barco   131
144. Aeroporto   132
145. Bicicleta. Motocicleta   133

Carros   134

146. Tipos de carros   134
147. Carros. Carroçaria   134
148. Carros. Habitáculo   135
149. Carros. Motor   136
150. Carros. Batidas. Reparação   137
151. Carros. Estrada   138

PESSOAS. EVENTOS   140
Eventos   140

152. Férias. Evento   140
153. Funerais. Enterro   141
154. Guerra. Soldados   141
155. Guerra. Ações militares. Parte 1   143
156. Armas   144
157. Povos da antiguidade   145
158. Idade média   146
159. Líder. Chefe. Autoridades   148
160. Viloação da lei. Criminosos. Parte 1   148
161. Viloação da lei. Criminosos. Parte 2   150
162. Polícia. Lei. Parte 1   151
163. Polícia. Lei. Parte 2   152

NATUREZA   154
A Terra. Parte 1   154

164. Espaço sideral   154
165. A Terra   155
166. Pontos cardeais   156
167. Mar. Oceano   156
168. Montanhas   157
169. Rios   158
170. Floresta   159
171. Recursos naturais   160

A Terra. Parte 2   162

172. Tempo   162
173. Tempo extremo. Catástrofes naturais   163

Fauna   164

174. Mamíferos. Predadores   164
175. Animais selvagens   164
176. Animais domésticos   165
177. Cães. Raças de cães   166
178. Sons produzidos pelos animais   167
179. Pássaros   167
180. Pássaros. Canto e sons   169
181. Peixes. Animais marinhos   169
182. Amfíbios. Répteis   170
183. Insetos   170
184. Animais. Partes do corpo   171
185. Animais. Habitats   171

Flora   173

186. Árvores   173
187. Arbustos   173
188. Cogumelos   174
189. Frutos. Bagas   174
190. Flores. Plantas   175
191. Cereais, grãos   176

GEOGRAFIA REGIONAL   177
Países. Nacionalidades   177

192. Política. Governo. Parte 1   177
193. Política. Governo. Parte 2   178
194. Países. Diversos   179
195. Grupos religiosos mais importantes. Confissões   180
196. Religiões. Padres   181
197. Fé. Cristianismo. Islão   181

TEMAS DIVERSOS   184

198. Várias palavras úteis   184

GUIA DE PRONUNCIAÇÃO

Alfabeto fonético T&P	Exemplo Árabe	Exemplo Português
[a]	طَفَى [ṭaffa]	chamar
[ā]	إختار [iχtār]	rapaz
[e]	هامبورجر [hamburger]	metal
[i]	زفاف [zifāf]	sinónimo
[ī]	أبريل [abrīl]	cair
[u]	كلكتا [kalkutta]	bonita
[ū]	جاموس [ʒāmūs]	trabalho
[b]	بداية [bidāya]	barril
[d]	سعادة [saʿāda]	dentista
[ḍ]	وضع [waḍʿ]	[d] faringealizaçãda
[ʒ]	الأرجنتين [arʒantīn]	talvez
[ð]	تذكار [tiðkār]	[z] - fricativa dental sonora não-sibilante
[z]	ظهر [zahar]	[z] faringealizaçãda
[f]	خفيف [χafīf]	safári
[g]	جولف [gūlf]	gosto
[h]	إتّجاه [ittiʒāh]	[h] aspirada
[ḥ]	أحبّ [aḥabb]	[h] faringealizaçãda
[y]	ذهبيّ [ðahabiy]	géiser
[k]	كرسيّ [kursiy]	kiwi
[l]	لمح [lamaḥ]	libra
[m]	مرصد [marṣad]	magnólia
[n]	جنوب [ʒanūb]	natureza
[p]	كابتشينو [kaputʃīnu]	presente
[q]	وثق [waθiq]	teckel
[r]	روح [rūḥ]	riscar
[s]	سخرِيَة [suχriyya]	sanita
[ṣ]	معصم [miʿṣam]	[s] faringealizaçãda
[ʃ]	عشاء [ʿaʃāʾ]	mês
[t]	تنّوب [tannūb]	tulipa
[ṭ]	خريطة [χarīṭa]	[t] faringealizaçãda
[θ]	ماموث [mamūθ]	[s] - fricativa dental surda não-sibilante
[v]	فيتنام [vitnām]	fava
[w]	ودّع [waddaʿ]	página web
[χ]	بخيل [baχīl]	fricativa uvular surda
[ɣ]	تغدّى [taɣadda]	agora

Alfabeto fonético T&P	Exemplo Árabe	Exemplo Português
[z]	[mã'iz] ماعز	sésamo
[] (ayn)	[sab'a] سبعة	fricativa faríngea sonora
[] (hamza)	[sa'al] سأل	oclusiva glotal

ABREVIATURAS
usadas no vocabulário

Abreviaturas do Árabe

du	-	substantivo plural (duplo)
f	-	nome feminino
m	-	nome masculino
pl	-	plural

Abreviaturas do Português

adj	-	adjetivo
adv	-	advérbio
anim.	-	animado
conj.	-	conjunção
desp.	-	desporto
etc.	-	etecetra
ex.	-	por exemplo
f	-	nome feminino
f pl	-	feminino plural
fem.	-	feminino
inanim.	-	inanimado
m	-	nome masculino
m pl	-	masculino plural
m, f	-	masculino, feminino
masc.	-	masculino
mat.	-	matemática
mil.	-	militar
pl	-	plural
prep.	-	preposição
pron.	-	pronome
sb.	-	sobre
sing.	-	singular
v aux	-	verbo auxiliar
vi	-	verbo intransitivo
vi, vt	-	verbo intransitivo, transitivo
vr	-	verbo reflexivo
vt	-	verbo transitivo

CONCEITOS BÁSICOS

Conceitos básicos. Parte 1

1. Pronomes

eu	ana	أنا
tu (masc.)	anta	أنت
tu (fem.)	anti	أنت
ele	huwa	هو
ela	hiya	هي
nós	naḥnu	نحن
vocês	antum	أنتم
eles, elas	hum	هم

2. Cumprimentos. Saudações. Despedidas

Bom dia! (formal)	as salāmu 'alaykum!	السلام عليكم!
Bom dia! (de manhã)	ṣabāḥ al xayr!	صباح الخير!
Boa tarde!	nahārak sa'īd!	نهارك سعيد!
Boa noite!	masā' al xayr!	مساء الخير!
cumprimentar (vt)	sallam	سلّم
Olá!	salām!	سلام!
saudação (f)	salām (m)	سلام
saudar (vt)	sallam 'ala	سلّم على
Como vai?	kayfa ḥāluka?	كيف حالك؟
O que há de novo?	ma axbārak?	ما أخبارك؟
Até à vista!	ma' as salāma!	مع السلامة!
Até breve!	ilal liqā'!	إلى اللقاء!
Adeus!	ma' as salāma!	مع السلامة!
despedir-se (vr)	wadda'	ودّع
Até logo!	bay bay!	باي باي!
Obrigado! -a!	ʃukran!	شكراً!
Muito obrigado! -a!	ʃukran ʒazīlan!	شكراً جزيلاً!
De nada	'afwan	عفواً
Não tem de quê	la ʃukr 'ala wāʒib	لا شكر على واجب
De nada	al 'afw	العفو
Desculpa!	'an iðnak!	عن أذنك!
Desculpe!	'afwan!	عفواً!
desculpar (vt)	'aðar	عذر
desculpar-se (vr)	i'taðar	إعتذر
As minhas desculpas	ana 'āsif	أنا آسف

Desculpe!	la tu'āχiðni!	لا تؤاخذني!
perdoar (vt)	'afa	عفا
por favor	min faḍlak	من فضلك

Não se esqueça!	la tansa!	لا تنس!
Certamente! Claro!	ṭab'an!	طبعاً!
Claro que não!	abadan!	أبداً!
Está bem! De acordo!	ittafaqna!	إتفقنا!
Basta!	kifāya!	كفاية!

3. Números cardinais. Parte 1

zero	ṣifr	صفر
um	wāḥid	واحد
uma	wāḥida	واحدة
dois	iθnān	إثنان
três	θalāθa	ثلاثة
quatro	arba'a	أربعة

cinco	χamsa	خمسة
seis	sitta	ستّة
sete	sab'a	سبعة
oito	θamāniya	ثمانية
nove	tis'a	تسعة

dez	'aʃara	عشرة
onze	aḥad 'aʃar	أحد عشر
doze	iθnā 'aʃar	إثنا عشر
treze	θalāθat 'aʃar	ثلاثة عشر
catorze	arba'at 'aʃar	أربعة عشر

quinze	χamsat 'aʃar	خمسة عشر
dezasseis	sittat 'aʃar	ستّة عشر
dezassete	sab'at 'aʃar	سبعة عشر
dezoito	θamāniyat 'aʃar	ثمانية عشر
dezanove	tis'at 'aʃar	تسعة عشر

vinte	'iʃrūn	عشرون
vinte e um	wāḥid wa 'iʃrūn	واحد وعشرون
vinte e dois	iθnān wa 'iʃrūn	إثنان وعشرون
vinte e três	θalāθa wa 'iʃrūn	ثلاثة وعشرون

trinta	θalāθīn	ثلاثون
trinta e um	wāḥid wa θalāθūn	واحد وثلاثون
trinta e dois	iθnān wa θalāθūn	إثنان وثلاثون
trinta e três	θalāθa wa θalāθūn	ثلاثة وثلاثون

quarenta	arba'ūn	أربعون
quarenta e um	wāḥid wa arba'ūn	واحد وأربعون
quarenta e dois	iθnān wa arba'ūn	إثنان وأربعون
quarenta e três	θalāθa wa arba'ūn	ثلاثة وأربعون

| cinquenta | χamsūn | خمسون |
| cinquenta e um | wāḥid wa χamsūn | واحد وخمسون |

| cinquenta e dois | iθnān wa χamsūn | إثنان وخمسون |
| cinquenta e três | θalāθa wa χamsūn | ثلاثة وخمسون |

sessenta	sittūn	ستّون
sessenta e um	wāḥid wa sittūn	واحد وستّون
sessenta e dois	iθnān wa sittūn	إثنان وستّون
sessenta e três	θalāθa wa sittūn	ثلاثة وستّون

setenta	sab'ūn	سبعون
setenta e um	wāḥid wa sab'ūn	واحد وسبعون
setenta e dois	iθnān wa sab'ūn	إثنان وسبعون
setenta e três	θalāθa wa sab'ūn	ثلاثة وسبعون

oitenta	θamānūn	ثمانون
oitenta e um	wāḥid wa θamānūn	واحد وثمانون
oitenta e dois	iθnān wa θamānūn	إثنان وثمانون
oitenta e três	θalāθa wa θamānūn	ثلاثة وثمانون

noventa	tis'ūn	تسعون
noventa e um	wāḥid wa tis'ūn	واحد وتسعون
noventa e dois	iθnān wa tis'ūn	إثنان وتسعون
noventa e três	θalāθa wa tis'ūn	ثلاثة وتسعون

4. Números cardinais. Parte 2

cem	mi'a	مائة
duzentos	mi'atān	مائتان
trezentos	θalāθumi'a	ثلاثمائة
quatrocentos	rub'umi'a	أربعمائة
quinhentos	χamsumi'a	خمسمائة

seiscentos	sittumi'a	ستّمائة
setecentos	sab'umi'a	سبعمائة
oitocentos	θamānimi'a	ثمانمائة
novecentos	tis'umi'a	تسعمائة

mil	alf	ألف
dois mil	alfān	ألفان
De quem são ...?	θalāθat 'ālāf	ثلاثة آلاف
dez mil	'aʃarat 'ālāf	عشرة آلاف
cem mil	mi'at alf	مائة ألف
um milhão	milyūn (m)	مليون
mil milhões	milyār (m)	مليار

5. Números. Frações

fração (f)	kasr (m)	كسر
um meio	niṣf	نصف
um terço	θulθ	ثلث
um quarto	rub'	ربع
um oitavo	θumn	ثمن
um décimo	'uʃr	عشر

| dois terços | θulθān | ثلثان |
| três quartos | talātit arbāʿ | ثلاثة أرباع |

6. Números. Operações básicas

subtração (f)	ṭarḥ (m)	طرح
subtrair (vi, vt)	ṭaraḥ	طرح
divisão (f)	qisma (f)	قسمة
dividir (vt)	qasam	قسم
adição (f)	ʒamʿ (m)	جمع
somar (vt)	ʒamaʿ	جمع
adicionar (vt)	ʒamaʿ	جمع
multiplicação (f)	ḍarb (m)	ضرب
multiplicar (vt)	ḍarab	ضرب

7. Números. Diversos

algarismo, dígito (m)	raqm (m)	رقم
número (m)	ʿadad (m)	عدد
numeral (m)	ism al ʿadad (m)	إسم العدد
menos (m)	nāqiṣ (m)	ناقص
mais (m)	zāʾid (m)	زائد
fórmula (f)	ṣīya (f)	صيغة
cálculo (m)	ḥisāb (m)	حساب
contar (vt)	ʿadd	عدّ
calcular (vt)	ḥasab	حسب
comparar (vt)	qāran	قارن
Quanto, -os, -as?	kam?	كم؟
soma (f)	maʒmūʿ (m)	مجموع
resultado (m)	natīʒa (f)	نتيجة
resto (m)	al bāqi (m)	الباقي
alguns, algumas ...	ʿiddat	عدّة
um pouco de ...	qalīl	قليل
resto (m)	al bāqi (m)	الباقي
um e meio	wāḥid wa niṣf (m)	واحد ونصف
dúzia (f)	iθnā ʿaʃar (f)	إثنا عشر
ao meio	ila ʃaṭrayn	إلى شطرين
em partes iguais	bit tasāwi	بالتساوى
metade (f)	niṣf (m)	نصف
vez (f)	marra (f)	مرّة

8. Os verbos mais importantes. Parte 1

| abrir (vt) | fataḥ | فتح |
| acabar, terminar (vt) | atamm | أتمّ |

aconselhar (vt)	naṣaḥ	نصح
adivinhar (vt)	χamman	خمّن
advertir (vt)	ḥaððar	حذّر

ajudar (vt)	sāʿad	ساعد
almoçar (vi)	tayadda	تغدّى
alugar (~ um apartamento)	istaʾʒar	إستأجر
amar (vt)	aḥabb	أحبّ
ameaçar (vt)	haddad	هدّد

anotar (escrever)	katab	كتب
apanhar (vt)	amsak	أمسك
apressar-se (vr)	istaʿʒal	إستعجل
arrepender-se (vr)	nadim	ندم
assinar (vt)	waqqaʿ	وقّع

atirar, disparar (vi)	aṭlaq an nār	أطلق النار
brincar (vi)	mazaḥ	مزح
brincar, jogar (crianças)	laʿib	لعب
buscar (vt)	baḥaθ	بحث
caçar (vi)	iṣṭād	إصطاد

cair (vi)	saqaṭ	سقط
cavar (vt)	ḥafar	حفر
cessar (vt)	tawaqqaf	توقّف
chamar (~ por socorro)	istayāθ	إستغاث
chegar (vi)	waṣal	وصل
chorar (vi)	baka	بكى

começar (vt)	badaʾ	بدأ
comparar (vt)	qāran	قارن
compreender (vt)	fahim	فهم
concordar (vi)	ittafaq	إتّفق
confiar (vt)	waθiq	وثق

confundir (equivocar-se)	iχtalaṭ	إختلط
conhecer (vt)	ʿaraf	عرف
contar (fazer contas)	ʿadd	عدّ
contar com (esperar)	iʿtamad ʿala ...	إعتمد على...
continuar (vt)	istamarr	إستمرّ

controlar (vt)	taḥakkam	تحكّم
convidar (vt)	daʿa	دعا
correr (vi)	ʒara	جرى
criar (vt)	χalaq	خلق
custar (vt)	kallaf	كلّف

9. Os verbos mais importantes. Parte 2

dar (vt)	aʿṭa	أعطى
dar uma dica	aʿṭa talmīḥ	أعطى تلميحًا
decorar (enfeitar)	zayyan	زيّن
defender (vt)	dāfaʿ	دافع
deixar cair (vt)	awqaʿ	أوقع

descer (para baixo)	nazil	نزل
desculpar-se (vr)	i'taðar	إعتذر
dirigir (~ uma empresa)	adār	أدار
discutir (notícias, etc.)	nāqaʃ	ناقش
dizer (vt)	qāl	قال

duvidar (vt)	ʃakk fi	شكّ في
encontrar (achar)	waʒad	وجد
enganar (vt)	χadaʻ	خدع
entrar (na sala, etc.)	daχal	دخل
enviar (uma carta)	arsal	أرسل
errar (equivocar-se)	aχtaʼ	أخطأ
escolher (vt)	iχtār	إختار
esconder (vt)	χabaʼ	خبأ
escrever (vt)	katab	كتب
esperar (o autocarro, etc.)	intazar	إنتظر

esperar (ter esperança)	tamanna	تمنّى
esquecer (vt)	nasiy	نسي
estudar (vt)	daras	درس
exigir (vt)	tālib	طالب
existir (vi)	kān mawʒūd	كان موجودًا

explicar (vt)	ʃaraħ	شرح
falar (vi)	takallam	تكلّم
faltar (clases, etc.)	yāb	غاب
fazer (vt)	'amal	عمل
ficar em silêncio	sakat	سكت
gabar-se, jactar-se (vr)	tabāha	تباهى

gostar (apreciar)	a'ʒab	أعجب
gritar (vi)	saraχ	صرخ
guardar (cartas, etc.)	ħafaz	حفظ
informar (vt)	aχbar	أخبر
insistir (vi)	asarr	أصرّ

insultar (vt)	ahān	أهان
interessar-se (vr)	ihtamm	إهتمّ
ir (a pé)	maʃa	مشى
ir nadar	sabaħ	سبح
jantar (vi)	ta'aʃʃa	تعشّى

10. Os verbos mais importantes. Parte 3

ler (vt)	qaraʼ	قرأ
libertar (cidade, etc.)	ħarrar	حرّر
matar (vt)	qatal	قتل
mencionar (vt)	ðakar	ذكر
mostrar (vt)	'arad	عرض

mudar (modificar)	yayyar	غيّر
nadar (vi)	sabaħ	سبح
negar-se a ...	rafad	رفض
objetar (vt)	i'tarad	إعترض

ordenar (mil.)	amar	أمر
ouvir (vt)	samiʿ	سمع
pagar (vt)	dafaʿ	دفع
parar (vi)	waqaf	وقف

participar (vi)	iʃtarak	إشترك
pedir (comida)	talab	طلب
pedir (um favor, etc.)	talab	طلب
pegar (tomar)	aχað	أخذ
pensar (vt)	zann	ظنّ

perceber (ver)	lāḥaz	لاحظ
perdoar (vt)	ʿafa	عفا
perguntar (vt)	saʾal	سأل
permitir (vt)	raχχaṣ	رخّص
pertencer a …	χaṣṣ	خصّ

planear (vt)	χattat	خطّط
poder (vi)	istatāʿ	إستطاع
possuir (vt)	malak	ملك
preferir (vt)	faḍḍal	فضّل
preparar (vt)	ḥaddar	حضّر

prever (vt)	tanabbaʾ	تنبّأ
prometer (vt)	waʿad	وعد
pronunciar (vt)	nataq	نطق
propor (vt)	iqtaraḥ	إقترح
punir (castigar)	ʿāqab	عاقب

11. Os verbos mais importantes. Parte 4

quebrar (vt)	kasar	كسر
queixar-se (vr)	ʃaka	شكا
querer (desejar)	arād	أراد
recomendar (vt)	naṣaḥ	نصح
repetir (dizer outra vez)	karrar	كرّر

repreender (vt)	wabbaχ	وبّخ
reservar (~ um quarto)	ḥaʒaz	حجز
responder (vt)	aʒāb	أجاب
rezar, orar (vi)	ṣalla	صلّى
rir (vi)	ḍaḥik	ضحك

roubar (vt)	saraq	سرق
saber (vt)	ʿaraf	عرف
sair (~ de casa)	χaraʒ	خرج
salvar (vt)	anqað	أنقذ
seguir …	tabaʿ	تبع

sentar-se (vr)	ʒalas	جلس
ser necessário	kān matlūb	كان مطلوبا
ser, estar	kān	كان
significar (vt)	ʿana	عنى
sorrir (vi)	ibtasam	إبتسم

subestimar (vt)	istaχaff	إستخفّ
surpreender-se (vr)	indahaʃ	إندهش
tentar (vt)	ḥāwal	حاول

ter (vt)	malak	ملك
ter fome	arād an ya'kul	أراد أن يأكل
ter medo	χāf	خاف
ter sede	arād an yaʃrab	أراد أن يشرب

tocar (com as mãos)	lamas	لمس
tomar o pequeno-almoço	aftar	أفطر
trabalhar (vi)	'amal	عمل
traduzir (vt)	tarʒam	ترجم
unir (vt)	waḥḥad	وحّد

vender (vt)	bāʿ	باع
ver (vt)	ra'a	رأى
virar (ex. ~ à direita)	in'aṭaf	إنعطف
voar (vi)	ṭār	طار

12. Cores

cor (f)	lawn (m)	لون
matiz (m)	daraʒat al lawn (m)	درجة اللون
tom (m)	ṣabγit lūn (f)	لون
arco-íris (m)	qaws quzaḥ (m)	قوس قزح

branco	abyaḍ	أبيض
preto	aswad	أسود
cinzento	ramādiy	رمادي

verde	aχḍar	أخضر
amarelo	aṣfar	أصفر
vermelho	aḥmar	أحمر

azul	azraq	أزرق
azul claro	azraq fātiḥ	أزرق فاتح
rosa	wardiy	وردي
laranja	burtuqāliy	برتقالي
violeta	banafsaʒiy	بنفسجي
castanho	bunniy	بنّي

dourado	ðahabiy	ذهبي
prateado	fiḍḍiy	فضي

bege	bɛːʒ	بيج
creme	'āʒiy	عاجي
turquesa	fayrūziy	فيروزي
vermelho cereja	karaziy	كرزي
lilás	laylakiy	ليلكي
carmesim	qirmiziy	قرمزي

claro	fātiḥ	فاتح
escuro	γāmiq	غامق

vivo	zāhi	زاه
de cor	mulawwan	ملوَن
a cores	mulawwan	ملوَن
preto e branco	abyaḍ wa aswad	أبيض وأسود
unicolor	waḥīd al lawn, sāda	وحيد اللون, سادة
multicor	mutaʿaddid al alwān	متعدّد الألوان

13. Questões

Quem?	man?	مَن؟
Que?	māða?	ماذا؟
Onde?	ayna?	أين؟
Para onde?	ila ayna?	إلى أين؟
De onde?	min ayna?	من أين؟
Quando?	mata?	متى؟
Para quê?	li māða?	لماذا؟
Porquê?	li māða?	لماذا؟

Para quê?	li māða?	لماذا؟
Como?	kayfa?	كيف؟
Qual?	ay?	أي؟
Qual? (entre dois ou mais)	ay?	أي؟

A quem?	li man?	لمن؟
Sobre quem?	ʿamman?	عمَن؟
Do quê?	ʿamma?	عمَا؟
Com quem?	maʿ man?	مع من؟

| Quanto, -os, -as? | kam? | كم؟ |
| De quem? (masc.) | li man? | لمن؟ |

14. Palavras funcionais. Advérbios. Parte 1

Onde?	ayna?	أين؟
aqui	huna	هنا
lá, ali	hunāk	هناك

| em algum lugar | fi makānin ma | في مكان ما |
| em lugar nenhum | la fi ay makān | لا في أي مكان |

| ao pé de ... | bi ʒānib | بجانب |
| ao pé da janela | bi ʒānib aʃ ʃubbāk | بجانب الشبّاك |

Para onde?	ila ayna?	إلى أين؟
para cá	huna	هنا
para lá	hunāk	هناك
daqui	min huna	من هنا
de lá, dali	min hunāk	من هناك

perto	qarīban	قريبًا
longe	baʿīdan	بعيدًا
perto de ...	ʿind	عند

ao lado de	qarīban	قريبًا
perto, não fica longe	γayr ba'īd	غير بعيد
esquerdo	al yasār	اليسار
à esquerda	'alaʃ ʃimāl	على الشمال
para esquerda	ilaʃ ʃimāl	إلى الشمال
direito	al yamīn	اليمين
à direita	'alal yamīn	على اليمين
para direita	Ilal yamīn	إلى اليمين
à frente	min al amām	من الأمام
da frente	amāmiy	أمامي
em frente (para a frente)	ilal amām	إلى الأمام
atrás de ...	warā'	وراء
por detrás (vir ~)	min al warā'	من الوراء
para trás	ilal warā'	إلى الوراء
meio (m), metade (f)	wasaṭ (m)	وسط
no meio	fil wasat	في الوسط
de lado	bi ӡānib	بجانب
em todo lugar	fi kull makān	في كل مكان
ao redor (olhar ~)	ḥawl	حول
de dentro	min ad dāχil	من الداخل
para algum lugar	ila ayy makān	إلى أيّ مكان
diretamente	bi aqṣar ṭarīq	بأقصر طريق
de volta	'īyāban	إيابًا
de algum lugar	min ayy makān	من أي مكان
de um lugar	min makānin ma	من مكان ما
em primeiro lugar	awwalan	أوّلًا
em segundo lugar	θāniyan	ثانيًا
em terceiro lugar	θāliθan	ثالثًا
de repente	faӡ'a	فجأة
no início	fil bidāya	في البداية
pela primeira vez	li 'awwal marra	لأوّل مرّة
muito antes de ...	qabl ... bi mudda ṭawīla	قبل...بمدّة طويلة
de novo, novamente	min ӡadīd	من جديد
para sempre	ilal abad	إلى الأبد
nunca	abadan	أبدًا
de novo	min ӡadīd	من جديد
agora	al 'ān	الآن
frequentemente	kaθīran	كثيرًا
então	fi ðalika al waqt	في ذلك الوقت
urgentemente	'āӡilan	عاجلًا
usualmente	kal 'āda	كالعادة
a propósito, ...	'ala fikra ...	على فكرة...
é possível	min al mumkin	من الممكن
provavelmente	la'alla	لعلّ

talvez	min al mumkin	من الممكن
além disso, ...	bil iḍāfa ila ðalik ...	بالإضافة إلى...
por isso ...	li ðalik	لذلك
apesar de ...	bir raɣm min ...	بالرغم من...
graças a ...	bi faḍl ...	بفضل...

que (pron.)	allaði	الذي
que (conj.)	anna	أنَ
algo	ʃay' (m)	شيء
alguma coisa	ʃay' (m)	شيء
nada	la ʃay'	لا شيء

quem	allaði	الذي
alguém (~ teve uma ideia ...)	aḥad	أحد
alguém	aḥad	أحد

ninguém	la aḥad	لا أحد
para lugar nenhum	la ila ay makān	لا إلى أي مكان
de ninguém	la yaɣuṣṣ aḥad	لا يخص أحدًا
de alguém	li aḥad	لأحد

tão	hakaða	هكذا
também (gostaria ~ de ...)	kaðalika	كذلك
também (~ eu)	ayḍan	أيضًا

15. Palavras funcionais. Advérbios. Parte 2

Porquê?	li mãða?	لماذا؟
por alguma razão	li sababin ma	لسبب ما
porque ...	li'anna ...	لأنَ...
por qualquer razão	li amr mã	لأمر ما

e (tu ~ eu)	wa	و
ou (ser ~ não ser)	aw	أو
mas (porém)	lakin	لكن
para (~ a minha mãe)	li	لـ

demasiado, muito	kaθīran ʒiddan	كثير جدًا
só, somente	faqaṭ	فقط
exatamente	biḍ ḍabṭ	بالضبط
cerca de (~ 10 kg)	naḥw	نحو

aproximadamente	taqrīban	تقريبًا
aproximado	taqrībiy	تقريبيّ
quase	taqrīban	تقريبًا
resto (m)	al bāqi (m)	الباقي

cada	kull	كلَ
qualquer	ayy	أيَ
muito	kaθīr	كثير
muitas pessoas	kaθīr min an nās	كثير من الناس
todos	kull an nās	كل الناس
em troca de ...	muqābil ...	مقابل...
em troca	muqābil	مقابل

| à mão | bil yad | بالید |
| pouco provável | hayhāt | هيهات |

provavelmente	laʿalla	لعل
de propósito	qaṣdan	قصدا
por acidente	ṣudfa	صدفة

muito	ȝiddan	جدًا
por exemplo	maθalan	مثلًا
entre	bayn	بين
entre (no meio de)	bayn	بين
tanto	haðihi al kammiyya	هذه الكمية
especialmente	χāṣṣa	خاصّة

Conceitos básicos. Parte 2

16. Opostos

rico	ɣaniy	غَنيّ
pobre	faqīr	فقير
doente	marīḍ	مريض
são	salīm	سليم
grande	kabīr	كبير
pequeno	ṣaɣīr	صغير
rapidamente	bi surʿa	بسرعة
lentamente	bi buṭʾ	ببطء
rápido	sariʾ	سريع
lento	baṭiʾ	بطيء
alegre	farḥān	فرحان
triste	ḥazīn	حزين
juntos	maʿan	معًا
separadamente	bi mufradih	بمفرده
em voz alta (ler ~)	bi ṣawt ʿāli	بصوت عال
para si (em silêncio)	sirran	سرًا
alto	ʿāli	عال
baixo	munχafiḍ	منخفض
profundo	ʿamīq	عميق
pouco fundo	ḍaḥl	ضحل
sim	naʿam	نعم
não	la	لا
distante (no espaço)	baʿīd	بعيد
próximo	qarīb	قريب
longe	baʿīdan	بعيدًا
perto	qarīban	قريبًا
longo	ṭawīl	طويل
curto	qaṣīr	قصير
bom, bondoso	ṭayyib	طيّب
mau	ʃarīr	شرير
casado	mutazawwiʒ	متزوّج

solteiro	aʻzab	أعزب
proibir (vt)	manaʻ	منع
permitir (vt)	samaḥ	سمح
fim (m)	nihāya (f)	نهاية
começo (m)	bidāya (f)	بداية
esquerdo	al yasār	اليسار
direito	al yamīn	اليمين
primeiro	awwal	أوّل
último	ʼāχir	آخر
crime (m)	ӡarīma (f)	جريمة
castigo (m)	ʻuqūba (f), ʻiqāb (m)	عقوبة, عقاب
ordenar (vt)	amar	أمر
obedecer (vt)	ṭāʻ	طاع
reto	mustaqīm	مستقيم
curvo	munḥani	منحن
paraíso (m)	al ӡanna (f)	الجنّة
inferno (m)	al ӡaḥīm (f)	الجحيم
nascer (vi)	wulid	وُلد
morrer (vi)	māt	مات
forte	qawiy	قويَ
fraco, débil	ḍaʼīf	ضعيف
idoso	ʻaӡūz	عجوز
jovem	ʃābb	شابّ
velho	qadīm	قديم
novo	ӡadīd	جديد
duro	ṣalb	صلب
mole	ṭariy	طريَ
tépido	dāfiʼ	دافئ
frio	bārid	بارد
gordo	θaχīn	ثخين
magro	naḥīf	نحيف
estreito	ḍayyiq	ضيّق
largo	wāsiʻ	واسع
bom	ӡayyid	جيّد
mau	sayyiʼ	سيّئ
valente	ʃuӡāʻ	شجاع
cobarde	ӡabān	جبان

17. Dias da semana

segunda-feira (f)	yawm al iθnayn (m)	يوم الإثنين
terça-feira (f)	yawm aθ θulāθā' (m)	يوم الثلاثاء
quarta-feira (f)	yawm al arbi'ā' (m)	يوم الأربعاء
quinta-feira (f)	yawm al χamīs (m)	يوم الخميس
sexta-feira (f)	yawm al ʒum'a (m)	يوم الجمعة
sábado (m)	yawm as sabt (m)	يوم السبت
domingo (m)	yawm al aḥad (m)	يوم الأحد
hoje	al yawm	اليوم
amanhã	ɣadan	غدًا
depois de amanhã	ba'd ɣad	بعد غد
ontem	ams	أمس
anteontem	awwal ams	أوّل أمس
dia (m)	yawm (m)	يوم
dia (m) de trabalho	yawm 'amal (m)	يوم عمل
feriado (m)	yawm al 'uṭla ar rasmiyya (m)	يوم العطلة الرسمية
dia (m) de folga	yawm 'uṭla (m)	يوم عطلة
fim (m) de semana	ayyām al 'uṭla (pl)	أيام العطلة
o dia todo	ṭūl al yawm	طول اليوم
no dia seguinte	fil yawm at tāli	في اليوم التالي
há dois dias	min yawmayn	قبل يومين
na véspera	fil yawm as sābiq	في اليوم السابق
diário	yawmiy	يومي
todos os dias	yawmiyyan	يوميًا
semana (f)	usbū' (m)	أسبوع
na semana passada	fil isbū' al māḍi	في الأسبوع الماضي
na próxima semana	fil isbū' al qādim	في الأسبوع القادم
semanal	usbū'iy	أسبوعي
cada semana	usbū'iyyan	أسبوعيًا
duas vezes por semana	marratayn fil usbū'	مرّتين في الأسبوع
cada terça-feira	kull yawm aθ θulāθā'	كل يوم الثلاثاء

18. Horas. Dia e noite

manhã (f)	ṣabāḥ (m)	صباح
de manhã	fiṣ ṣabāḥ	في الصباح
meio-dia (m)	ẓuhr (m)	ظهر
à tarde	ba'd aẓ ẓuhr	بعد الظهر
noite (f)	masā' (m)	مساء
à noite (noitinha)	fil masā'	في المساء
noite (f)	layl (m)	ليل
à noite	bil layl	بالليل
meia-noite (f)	muntaṣif al layl (m)	منتصف الليل
segundo (m)	θāniya (f)	ثانية
minuto (m)	daqīqa (f)	دقيقة
hora (f)	sā'a (f)	ساعة

meia hora (f)	niṣf sāʿa (m)	نصف ساعة
quarto (m) de hora	rubʿ sāʿa (f)	ربع ساعة
quinze minutos	χamsat ʿaʃar daqīqa	خمس عشرة دقيقة
vinte e quatro horas	yawm kāmil (m)	يوم كامل

nascer (m) do sol	ʃurūq aʃʃams (m)	شروق الشمس
amanhecer (m)	faʒr (m)	فجر
madrugada (f)	ṣabāḥ bākir (m)	صباح باكر
pôr do sol (m)	ɣurūb aʃʃams (m)	غروب الشمس

de madrugada	fis ṣabāḥ al bākir	في الصباح الباكر
hoje de manhã	al yawm fiṣ ṣabāḥ	اليوم في الصباح
amanhã de manhã	ɣadan fiṣ ṣabāḥ	غدًا في الصباح

hoje à tarde	al yawm baʿd aẓ ẓuhr	اليوم بعد الظهر
à tarde	baʿd aẓ ẓuhr	بعد الظهر
amanhã à tarde	ɣadan baʿd aẓ ẓuhr	غدًا بعد الظهر

| hoje à noite | al yawm fil masāʾ | اليوم في المساء |
| amanhã à noite | ɣadan fil masāʾ | غدًا في المساء |

às três horas em ponto	fis sāʿa aθ θāliθa tamāman	في الساعة الثالثة تماما
por volta das quatro	fis sāʿa ar rābiʿa taqrīban	في الساعة الرابعة تقريبا
às doze	ḥattas sāʿa aθ θāniya ʿaʃara	حتى الساعة الثانية عشرة
dentro de vinte minutos	baʿd ʿiʃrīn daqīqa	بعد عشرين دقيقة
dentro duma hora	baʿd sāʿa	بعد ساعة
a tempo	fi mawʿidih	في موعده

menos um quarto	illa rubʿ	إلا ربع
durante uma hora	ṭiwāl sāʿa	طوال الساعة
a cada quinze minutos	kull rubʿ sāʿa	كل ربع ساعة
as vinte e quatro horas	layl nahār	ليل نهار

19. Meses. Estações

janeiro (m)	yanāyir (m)	يناير
fevereiro (m)	fibrāyir (m)	فبراير
março (m)	māris (m)	مارس
abril (m)	abrīl (m)	أبريل
maio (m)	māyu (m)	مايو
junho (m)	yūnyu (m)	يونيو

julho (m)	yūlyu (m)	يوليو
agosto (m)	aɣusṭus (m)	أغسطس
setembro (m)	sibtambar (m)	سبتمبر
outubro (m)	uktūbir (m)	أكتوبر
novembro (m)	nuvimbar (m)	نوفمبر
dezembro (m)	disimbar (m)	ديسمبر

primavera (f)	rabīʿ (m)	ربيع
na primavera	fir rabīʿ	في الربيع
primaveril	rabīʿiy	ربيعي
verão (m)	ṣayf (m)	صيف
no verão	fiṣ ṣayf	في الصيف

de verão	ṣayfiy	صيفي
outono (m)	χarīf (m)	خريف
no outono	fil χarīf	في الخريف
outonal	χarīfiy	خريفي
inverno (m)	ʃitā' (m)	شتاء
no inverno	fiʃ ʃitā'	في الشتاء
de inverno	ʃitawiy	شتوي
mês (m)	ʃahr (m)	شهر
este mês	fi haða aʃ ʃahr	في هذا الشهر
no próximo mês	fiʃ ʃahr al qādim	في الشهر القادم
no mês passado	fiʃ ʃahr al māḍi	في الشهر الماضي
há um mês	qabl ʃahr	قبل شهر
dentro de um mês	ba'd ʃahr	بعد شهر
dentro de dois meses	ba'd ʃahrayn	بعد شهرين
todo o mês	ṭūl aʃ ʃahr	طول الشهر
um mês inteiro	ʃahr kāmil	شهر كامل
mensal	ʃahriy	شهري
mensalmente	kull ʃahr	كل شهر
cada mês	kull ʃahr	كل شهر
duas vezes por mês	marratayn fiʃ ʃahr	مرّتين في الشهر
ano (m)	sana (f)	سنة
este ano	fi haðihi as sana	في هذه السنة
no próximo ano	fis sana al qādima	في السنة القادمة
no ano passado	fis sana al māḍiya	في السنة الماضية
há um ano	qabla sana	قبل سنة
dentro dum ano	ba'd sana	بعد سنة
dentro de 2 anos	ba'd sanatayn	بعد سنتين
todo o ano	ṭūl as sana	طول السنة
um ano inteiro	sana kāmila	سنة كاملة
cada ano	kull sana	كل سنة
anual	sanawiy	سنوي
anualmente	kull sana	كل سنة
quatro vezes por ano	arba' marrāt fis sana	أربع مرّات في السنة
data (~ de hoje)	tarīχ (m)	تاريخ
data (ex. ~ de nascimento)	tarīχ (m)	تاريخ
calendário (m)	taqwīm (m)	تقويم
meio ano	niṣf sana (m)	نصف سنة
seis meses	niṣf sana (m)	نصف سنة
estação (f)	faṣl (m)	فصل
século (m)	qarn (m)	قرن

20. Tempo. Diversos

tempo (m)	waqt (m)	وقت
momento (m)	laḥza (f)	لحظة

instante (m)	laḥza (f)	لمظة
instantâneo	xāṭif	خاطف
lapso (m) de tempo	fatra (f)	فترة
vida (f)	ḥayāt (f)	حياة
eternidade (f)	abadiyya (f)	أبديّة

época (f)	'ahd (m)	عهد
era (f)	'aṣr (m)	عصر
ciclo (m)	dawra (f)	دورة
período (m)	fatra (f)	فترة
prazo (m)	fatra (f)	فترة

futuro (m)	al mustaqbal (m)	المستقبل
futuro	qādim	قادم
da próxima vez	fil marra al qādima	في المرّة القادمة
passado (m)	al māḍi (m)	الماضي
passado	māḍi	ماض
na vez passada	fil marra al māḍiya	في المرّة الماضية
mais tarde	fima ba'd	فيما بعد
depois	ba'd	بعد
atualmente	fi haðihi al ayyām	في هذه الأيام
agora	al 'ān	الآن
imediatamente	ḥālan	حالًا
em breve, brevemente	qarīban	قريبًا
de antemão	muqaddaman	مقدّمًا

há muito tempo	min zamān	من زمان
há pouco tempo	min zaman qarīb	من زمان قريب
destino (m)	maṣīr (m)	مصير
recordações (f pl)	ðikra (f)	ذكرى
arquivo (m)	arʃīf (m)	أرشيف
durante ...	aθnā'...	أثناء...
durante muito tempo	li mudda ṭawīla	لمدّة طويلة
pouco tempo	li mudda qaṣīra	لمدّة قصيرة
cedo (levantar-se ~)	bākiran	باكرًا
tarde (deitar-se ~)	muta'axxiran	متأخّرًا

para sempre	lil abad	للأبد
começar (vt)	bada'	بدأ
adiar (vt)	aʒʒal	أجّل

simultaneamente	fi nafs al waqt	في نفس الوقت
permanentemente	dā'iman	دائمًا
constante (ruído, etc.)	mustamirr	مستمرّ
temporário	mu'aqqat	مؤقّت

às vezes	min ḥīn li 'āxar	من حين لآخر
raramente	nādiran	نادرًا
frequentemente	kaθīran	كثيرًا

21. Linhas e formas

quadrado (m)	murabba' (m)	مربّع
quadrado	murabba'	مربّع

círculo (m)	dā'ira (f)	دائرة
redondo	mudawwar	مدور
triângulo (m)	muθallaθ (m)	مثلث
triangular	muθallaθ	مثلث

oval (f)	baydawiy (m)	بيضوي
oval	baydawiy	بيضوي
retângulo (m)	mustaṭīl (m)	مستطيل
retangular	mustaṭīliy	مستطيلي

pirâmide (f)	haram (m)	هرم
rombo, losango (m)	mu'ayyan (m)	معين
trapézio (m)	murabba' munharif (m)	مربع منحرف
cubo (m)	muka''ab (m)	مكعب
prisma (m)	manʃūr (m)	منشور

circunferência (f)	muhīṭ munhanan muɣlaq (m)	محيط منحني مغلق
esfera (f)	kura (f)	كرة
globo (m)	kura (f)	كرة
diâmetro (m)	quṭr (m)	قطر
raio (m)	niṣf qaṭr (m)	نصف قطر
perímetro (m)	muhīṭ (m)	محيط
centro (m)	wasaṭ (m)	وسط

horizontal	ufuqiy	أفقي
vertical	'amūdiy	عمودي
paralela (f)	ҳaṭṭ mutawāzi (m)	خط متواز
paralelo	mutawāzi	متواز

linha (f)	ҳaṭṭ (m)	خط
traço (m)	haraka (m)	حركة
reta (f)	ҳaṭṭ mustaqīm (m)	خط مستقيم
curva (f)	ҳaṭṭ munhani (m)	خط منحن
fino (linha ~a)	rafī'	رقيع
contorno (m)	kuntūr (m)	كنتور

interseção (f)	taqāṭu' (m)	تقاطع
ângulo (m) reto	zāwya mustaqīma (f)	زاوية مستقيمة
segmento (m)	qiṭ'a (f)	قطعة
setor (m)	qiṭā' (m)	قطاع
lado (de um triângulo, etc.)	ḍil' (m)	ضلع
ângulo (m)	zāwiya (f)	زاوية

22. Unidades de medida

peso (m)	wazn (m)	وزن
comprimento (m)	ṭūl (m)	طول
largura (f)	'ard (m)	عرض
altura (f)	irtifā' (m)	إرتفاع
profundidade (f)	'umq (m)	عمق
volume (m)	haʒm (m)	حجم
área (f)	misāha (f)	مساحة
grama (m)	grām (m)	جرام
miligrama (m)	milliɣrām (m)	مليغرام

quilograma (m)	kiluɣrām (m)	كيلوغرام
tonelada (f)	ṭunn (m)	طن
libra (453,6 gramas)	raṭl (m)	رطل
onça (f)	ūnṣa (f)	أونصة

metro (m)	mitr (m)	متر
milímetro (m)	millimitr (m)	مليمتر
centímetro (m)	santimitr (m)	سنتيمتر
quilómetro (m)	kilumitr (m)	كيلومتر
milha (f)	mīl (m)	ميل

polegada (f)	būṣa (f)	بوصة
pé (304,74 mm)	qadam (f)	قدم
jarda (914,383 mm)	yārda (f)	ياردة

| metro (m) quadrado | mitr murabbaʿ (m) | متر مربّع |
| hectare (m) | hiktār (m) | هكتار |

litro (m)	litr (m)	لتر
grau (m)	daraʒa (f)	درجة
volt (m)	vūlt (m)	فولت
ampere (m)	ambīr (m)	أمبير
cavalo-vapor (m)	ḥiṣān (m)	حصان

quantidade (f)	kammiyya (f)	كمّية
um pouco de ...	qalīl ...	قليل...
metade (f)	niṣf (m)	نصف
dúzia (f)	iθnā ʿaʃar (f)	إثنا عشر
peça (f)	waḥda (f)	وحدة

| dimensão (f) | ḥaʒm (m) | حجم |
| escala (f) | miqyās (m) | مقياس |

mínimo	al adna	الأدنى
menor, mais pequeno	al aṣɣar	الأصغر
médio	mutawassiṭ	متوسّط
máximo	al aqṣa	الأقصى
maior, mais grande	al akbar	الأكبر

23. Recipientes

boião (m) de vidro	barṭamān (m)	برطمان
lata (~ de cerveja)	tanaka (f)	تنكة
balde (m)	ʒardal (m)	جردل
barril (m)	barmīl (m)	برميل

bacia (~ de plástico)	ḥawḍ lil ɣasīl (m)	حوض للغسيل
tanque (m)	χazzān (m)	خزّان
cantil (m) de bolso	zamzamiyya (f)	زمزمية
bidão (m) de gasolina	ʒirikan (m)	جركن
cisterna (f)	χazzān (m)	خزّان

| caneca (f) | māgg (m) | ماجّ |
| chávena (f) | finʒān (m) | فنجان |

pires (m)	ṭabaq finʒān (m)	طبق فنجان
copo (m)	kubbāya (f)	كبّاية
taça (f) de vinho	ka's (f)	كأس
panela, caçarola (f)	kassirūlla (f)	كاسرولة

| garrafa (f) | zuʒāʒa (f) | زجاجة |
| gargalo (m) | 'unq (m) | عنق |

jarro, garrafa (f)	dawraq zuʒāʒiy (m)	دورق زجاجيّ
jarro (m) de barro	ibrīq (m)	إبريق
recipiente (m)	inā' (m)	إناء
pote (m)	aṣīṣ (m)	أصيص
vaso (m)	vāza (f)	فازة

frasco (~ de perfume)	zuʒāʒa (f)	زجاجة
frasquinho (ex. ~ de iodo)	zuʒāʒa (f)	زجاجة
tubo (~ de pasta dentífrica)	umbūba (f)	أنبوبة

saca (ex. ~ de açúcar)	kīs (m)	كيس
saco (~ de plástico)	kīs (m)	كيس
maço (m)	'ulba (f)	علبة

caixa (~ de sapatos, etc.)	'ulba (f)	علبة
caixa (~ de madeira)	ṣundū' (m)	صندوق
cesta (f)	salla (f)	سلّة

24. Materiais

material (m)	mādda (f)	مادّة
madeira (f)	χaʃab (m)	خشب
de madeira	χaʃabiy	خشبيّ

| vidro (m) | zuʒāʒ (m) | زجاج |
| de vidro | zuʒāʒiy | زجاجيّ |

| pedra (f) | ḥaʒar (m) | حجر |
| de pedra | ḥaʒariy | حجريّ |

| plástico (m) | blastīk (m) | بلاستيك |
| de plástico | min al blastīk | من البلاستيك |

| borracha (f) | maṭṭāṭ (m) | مطّاط |
| de borracha | maṭṭāṭiy | مطّاطيّ |

| tecido, pano (m) | qumāʃ (m) | قماش |
| de tecido | min al qumāʃ | من القماش |

| papel (m) | waraq (m) | ورق |
| de papel | waraqiy | ورقيّ |

cartão (m)	kartūn (m)	كرتون
de cartão	kartūniy	كرتونيّ
polietileno (m)	buli iθilīn (m)	بولي إثيلين
celofane (m)	silufān (m)	سيلوفان

contraplacado (m)	ablakāʃ (m)	أبلكاش
porcelana (f)	bursilān (m)	بورسلان
de porcelana	min il bursilān	من البورسلان
barro (f)	ṭīn (m)	طين
de barro	faxxāry	فخّاري
cerâmica (f)	siramīk (m)	سيراميك
de cerâmica	siramīkiy	سيراميكيّ

25. Metais

metal (m)	maʿdan (m)	معدن
metálico	maʿdaniy	معدنيّ
liga (f)	sabīka (f)	سبيكة

ouro (m)	ðahab (m)	ذهب
de ouro	ðahabiy	ذهبيّ
prata (f)	fiḍḍa (f)	فضة
de prata	fiḍḍiy	فضّيّ

ferro (m)	ḥadīd (m)	حديد
de ferro	ḥadīdiy	حديديّ
aço (m)	fūlāð (m)	فولاذ
de aço	fulāðiy	فولاذيّ
cobre (m)	nuḥās (m)	نحاس
de cobre	nuḥāsiy	نحاسيّ

alumínio (m)	alumīniyum (m)	الومينيوم
de alumínio	alumīniyum	الومينيوم
bronze (m)	brūnz (m)	برونز
de bronze	brūnziy	برونزيّ

latão (m)	nuḥās aṣfar (m)	نحاس أصفر
níquel (m)	nikil (m)	نيكل
platina (f)	blatīn (m)	بلاتين
mercúrio (m)	ziʾbaq (m)	زئبق
estanho (m)	qaṣdīr (m)	قصدير
chumbo (m)	ruṣāṣ (m)	رصاص
zinco (m)	zink (m)	زنك

O SER HUMANO

O ser humano. O corpo

26. Humanos. Conceitos básicos

ser (m) humano	insān (m)	إنسان
homem (m)	raʒul (m)	رجل
mulher (f)	imra'a (f)	إمرأة
criança (f)	ṭifl (m)	طفل
menina (f)	bint (f)	بنت
menino (m)	walad (m)	ولد
adolescente (m)	murāhiq (m)	مراهق
velho (m)	ʿaʒūz (m)	عجوز
velha, anciã (f)	ʿaʒūza (f)	عجوزة

27. Anatomia humana

organismo (m)	ʒism (m)	جسم
coração (m)	qalb (m)	قلب
sangue (m)	dam (m)	دم
artéria (f)	ʃaryān (m)	شريان
veia (f)	ʿirq (m)	عرق
cérebro (m)	muxx (m)	مخَ
nervo (m)	ʿaṣab (m)	عصب
nervos (m pl)	aʿṣāb (pl)	أعصاب
vértebra (f)	faqra (f)	فقرة
coluna (f) vertebral	ʿamūd faqriy (m)	عمود فقريَ
estômago (m)	maʿida (f)	معدة
intestinos (m pl)	amʿā' (pl)	أمعاء
intestino (m)	miʿan (m)	معى
fígado (m)	kibd (f)	كبد
rim (m)	kilya (f)	كلية
osso (m)	ʿaẓm (m)	عظم
esqueleto (m)	haykal ʿaẓmiy (m)	هيكل عظميَ
costela (f)	ḍilʿ (m)	ضلع
crânio (m)	ʒumʒuma (f)	جمجمة
músculo (m)	ʿaḍala (f)	عضلة
bíceps (m)	ʿaḍala ðāt ra'sayn (f)	عضلة ذات رأسين
tríceps (m)	ʿaḍla θulāθiyyat ar ru'ūs (f)	عضلة ثلائَية الرءوس
tendão (m)	watar (m)	وتر
articulação (f)	mafṣil (m)	مفصل

pulmões (m pl)	ri'atān (du)	رئتان
órgãos (m pl) genitais	a'ḍā' ʒinsiyya (pl)	أعضاء جنسيّة
pele (f)	buʃra (m)	بشرة

28. Cabeça

cabeça (f)	ra's (m)	رأس
cara (f)	waʒh (m)	وجه
nariz (m)	anf (m)	أنف
boca (f)	fam (m)	فم

olho (m)	'ayn (f)	عين
olhos (m pl)	'uyūn (pl)	عيون
pupila (f)	ḥadaqa (f)	حدقة
sobrancelha (f)	ḥāʒib (m)	حاجب
pestana (f)	rimʃ (m)	رمش
pálpebra (f)	ʒafn (m)	جفن

língua (f)	lisān (m)	لسان
dente (m)	sinn (f)	سنّ
lábios (m pl)	ʃifāh (pl)	شفاه
maçãs (f pl) do rosto	'iẓām waʒhiyya (pl)	عظام وجهيّة
gengiva (f)	liθθa (f)	لثّة
palato (m)	ḥanak (m)	حنك

narinas (f pl)	minχarān (du)	منخران
queixo (m)	ðaqan (m)	ذقن
mandíbula (f)	fakk (m)	فكّ
bochecha (f)	χadd (m)	خدّ

testa (f)	ʒabha (f)	جبهة
têmpora (f)	ṣudɣ (m)	صدغ
orelha (f)	uðun (f)	أذن
nuca (f)	qafa (m)	قفا
pescoço (m)	raqaba (f)	رقبة
garganta (f)	ḥalq (m)	حلق

cabelos (m pl)	ʃa'r (m)	شعر
penteado (m)	tasrīḥa (f)	تسريحة
corte (m) de cabelo	tasrīḥa (f)	تسريحة
peruca (f)	barūka (f)	باروكة

bigode (m)	ʃawārib (pl)	شوارب
barba (f)	liḥya (f)	لحية
usar, ter (~ barba, etc.)	'indahu	عنده
trança (f)	ḍifīra (f)	ضفيرة
suíças (f pl)	sawālif (pl)	سوالف

ruivo	aḥmar aʃ ʃa'r	أحمر الشعر
grisalho	abyaḍ	أبيض
calvo	aṣla'	أصلع
calva (f)	ṣala' (m)	صلع
rabo-de-cavalo (m)	ðayl ḥiṣān (m)	ذيل حصان
franja (f)	quṣṣa (f)	قصّة

29. Corpo humano

mão (f)	yad (m)	يد
braço (m)	ðirāʿ (f)	ذراع

dedo (m)	iṣbaʿ (m)	إصبع
dedo (m) do pé	iṣbaʿ al qadam (m)	إصبع القدم
polegar (m)	ibhām (m)	إبهام
dedo (m) mindinho	χunṣur (m)	خنصر
unha (f)	ẓufr (m)	ظفر

punho (m)	qabḍa (f)	قبضة
palma (f) da mão	kaff (f)	كفّ
pulso (m)	miʿṣam (m)	معصم
antebraço (m)	sāʿid (m)	ساعد
cotovelo (m)	mirfaq (m)	مرفق
ombro (m)	katf (f)	كتف

perna (f)	riʒl (f)	رجل
pé (m)	qadam (f)	قدم
joelho (m)	rukba (f)	ركبة
barriga (f) da perna	sammāna (f)	سمّانة
anca (f)	faχð (f)	فخذ
calcanhar (m)	ʿaqb (m)	عقب

corpo (m)	ʒism (m)	جسم
barriga (f)	baṭn (m)	بطن
peito (m)	ṣadr (m)	صدر
seio (m)	θady (m)	ثدي
lado (m)	ʒamb (m)	جنب
costas (f pl)	ẓahr (m)	ظهر
região (f) lombar	asfal aẓ ẓahr (m)	أسفل الظهر
cintura (f)	χaṣr (m)	خصر

umbigo (m)	surra (f)	سرّة
nádegas (f pl)	ardāf (pl)	أرداف
traseiro (m)	dubr (m)	دبر

sinal (m)	ʃāma (f)	شامة
sinal (m) de nascença	waḥma	وحمة
tatuagem (f)	waʃm (m)	وشم
cicatriz (f)	nadba (f)	ندبة

Vestuário & Acessórios

30. Roupa exterior. Casacos

Português	Árabe (transliteração)	Árabe
roupa (f)	malābis (pl)	ملابس
roupa (f) exterior	malābis fawqāniyya (pl)	ملابس فوقانيّة
roupa (f) de inverno	malābis ʃitawiyya (pl)	ملابس شتويّة
sobretudo (m)	miʿṭaf (m)	معطف
casaco (m) de peles	miʿtaf farw (m)	معطف فرو
casaco curto (m) de peles	ʒakīt farw (m)	جاكيت فرو
casaco (m) acolchoado	haʃiyyat rīʃ (m)	حشية ريش
casaco, blusão (m)	ʒākīt (m)	جاكيت
impermeável (m)	miʿṭaf lil maṭar (m)	معطف للمطر
impermeável	ṣāmid lil mā'	صامد للماء

31. Vestuário de homem & mulher

Português	Árabe (transliteração)	Árabe
camisa (f)	qamīṣ (m)	قميص
calças (f pl)	banṭalūn (m)	بنطلون
calças (f pl) de ganga	ʒīnz (m)	جينز
casaco (m) de fato	sutra (f)	سترة
fato (m)	badla (f)	بدلة
vestido (ex. ~ vermelho)	fustān (m)	فستان
saia (f)	tannūra (f)	تنّورة
blusa (f)	blūza (f)	بلوزة
casaco (m) de malha	kardigān (m)	كارديجان
casaco, blazer (m)	ʒākīt (m)	جاكيت
T-shirt, camiseta (f)	ti ʃirt (m)	تي شيرت
calções (Bermudas, etc.)	ʃūrt (m)	شورت
fato (m) de treino	badlat at tadrīb (f)	بدلة التدريب
roupão (m) de banho	θawb hammām (m)	ثوب حمّام
pijama (m)	biʒāma (f)	بيجاما
suéter (m)	bulūvir (m)	بلوفر
pulôver (m)	bulūvir (m)	بلوفر
colete (m)	ṣudayriy (m)	صديريّ
fraque (m)	badlat sahra (f)	بدلة سهرة
smoking (m)	smūkin (m)	سموكن
uniforme (m)	zayy muwahhad (m)	زي موحّد
roupa (f) de trabalho	θiyāb al ʿamal (m)	ثياب العمل
fato-macaco (m)	uvirūl (m)	اوفرول
bata (~ branca, etc.)	θawb (m)	ثوب

32. Vestuário. Roupa interior

roupa (f) interior	malābis dāḫiliyya (pl)	ملابس داخليّة
cuecas boxer (f pl)	sirwāl dāḫiliy riǧāliy (m)	سروال داخلي رجاليّ
cuecas (f pl)	sirwāl dāḫiliy nisā'iy (m)	سروال داخلي نسائيّ
camisola (f) interior	qamīṣ bila aqmām (m)	قميص بلا أكمام
peúgas (f pl)	ǧawārib (pl)	جوارب

camisa (f) de noite	qamīṣ nawm (m)	قميص نوم
sutiã (m)	ḥammālat ṣadr (f)	حمّالة صدر
meias longas (f pl)	ǧawārib ṭawīla (pl)	جوارب طويلة
meia-calça (f)	ǧawārib kulūn (pl)	جوارب كولون
meias (f pl)	ǧawārib nisā'iyya (pl)	جوارب نسائية
fato (m) de banho	libās sibāḥa (m)	لباس سباحة

33. Adereços de cabeça

chapéu (m)	qubba'a (f)	قبّعة
chapéu (m) de feltro	burnayṭa (f)	برنيطة
boné (m) de beisebol	kāb baysbūl (m)	كاب بيسبول
boné (m)	qubba'a musaṭṭaḥa (f)	قبّعة مسطحة

boina (f)	birīh (m)	بيريه
capuz (m)	yiṭā' (m)	غطاء
panamá (m)	qubba'at banāma (f)	قبّعة بناما
gorro (m) de malha	qubbā'a maḥbūka (m)	قبّعة محبوكة

lenço (m)	ʼǰārb (m)	إيشارب
chapéu (m) de mulher	burnayṭa (f)	برنيطة

capacete (m) de proteção	ḫūða (f)	خوذة
bibico (m)	kāb (m)	كاب
capacete (m)	ḫūða (f)	خوذة

chapéu-coco (m)	qubba'at dirbi (f)	قبّعة ديربي
chapéu (m) alto	qubba'a 'āliya (f)	قبّعة عالية

34. Calçado

calçado (m)	aḥðiya (pl)	أحذية
botinas (f pl)	ǧazma (f)	جزمة
sapatos (de salto alto, etc.)	ǧazma (f)	جزمة
botas (f pl)	būt (m)	بوت
pantufas (f pl)	ʃibʃib (m)	شبشب

ténis (m pl)	ḥiðā' riyāḍiy (m)	حذاء رياضيّ
sapatilhas (f pl)	kutʃi (m)	كوتشي
sandálias (f pl)	ṣandal (pl)	صندل

sapateiro (m)	iskāfiy (m)	إسكافيّ
salto (m)	ka'b (m)	كعب

par (m)	zawჳ (m)	زوج
atacador (m)	ʃarīṭ (m)	شريط
apertar os atacadores	rabaṭ	ربط
calçadeira (f)	labbāsat ḥiðāʾ (f)	لبّاسة حذاء
graxa (f) para calçado	warnīʃ al ḥiðāʾ (m)	ورنيش الحذاء

35. Têxtil. Tecidos

algodão (m)	quṭn (m)	قطن
de algodão	min al quṭn	من القطن
linho (m)	kattān (m)	كتّان
de linho	min il kattān	من الكتّان

seda (f)	ḥarīr (m)	حرير
de seda	min al ḥarīr	من الحرير
lã (f)	ṣūf (m)	صوف
de lã	min aṣ ṣūf	من الصوف

veludo (m)	muχmal (m)	مخمل
camurça (f)	ჳild ʃāmwāh (m)	جلد شامواه
bombazina (f)	quṭn qaṭīfa (f)	قطن قطيفة

náilon (m)	naylūn (m)	نايلون
de náilon	min an naylūn	من النيلون
poliéster (m)	bulyistir (m)	بوليستر
de poliéster	min al bulyastar	من البوليستر

couro (m)	ჳild (m)	جلد
de couro	min al ჳild	من الجلد
pele (f)	farw (m)	فرو
de peles, de pele	min al farw	من الفرو

36. Acessórios pessoais

luvas (f pl)	quffāz (m)	قفّاز
mitenes (f pl)	quffāz muχlaq (m)	قفّاز مغلق
cachecol (m)	ʔiʃārb (m)	إيشارب

óculos (m pl)	nazẓāra (f)	نظّارة
armação (f) de óculos	iṭār (m)	إطار
guarda-chuva (m)	ʃamsiyya (f)	شمسيّة
bengala (f)	ʿaṣa (f)	عصا
escova (f) para o cabelo	furʃat ʃaʿr (f)	فرشة شعر
leque (m)	mirwaḥa yadawiyya (f)	مروحة يدويّة

gravata (f)	karavatta (f)	كرافتة
gravata-borboleta (f)	babyūn (m)	بيبون
suspensórios (m pl)	ḥammāla (f)	حمّالة
lenço (m)	mandīl (m)	منديل

| pente (m) | miʃṭ (m) | مشط |
| travessão (m) | dabbūs (m) | دبّوس |

gancho (m) de cabelo	bansa (m)	بنسة
fivela (f)	bukla (f)	بكلة

cinto (m)	ḥizām (m)	حزام
correia (f)	ḥammalat al katf (f)	حمّالة الكتف

mala (f)	ʃanṭa (f)	شنطة
mala (f) de senhora	ʃanṭat yad (f)	شنطة يد
mochila (f)	ḥaqībat ẓahr (f)	حقيبة ظهر

37. Vestuário. Diversos

moda (f)	mūḍa (f)	موضة
na moda	fil mūḍa	في الموضة
estilista (m)	muṣammim azyāʾ (m)	مصمّم أزياء

colarinho (m), gola (f)	yāqa (f)	ياقة
bolso (m)	ʒayb (m)	جيب
de bolso	ʒayb	جيب
manga (f)	kumm (m)	كمّ
alcinha (f)	ʿallāqa (f)	علّاقة
braguilha (f)	lisān (m)	لسان

fecho (m) de correr	zimām munzaliq (m)	زمام منزلق
fecho (m), colchete (m)	miʃbak (m)	مشبك
botão (m)	zirr (m)	زرّ
casa (f) de botão	ʿurwa (f)	عروة
soltar-se (vr)	waqaʿ	وقع

coser, costurar (vi)	χāṭ	خاط
bordar (vt)	ṭarraz	طرّز
bordado (m)	taṭrīz (m)	تطريز
agulha (f)	ibra (f)	إبرة
fio (m)	χayṭ (m)	خيط
costura (f)	darz (m)	درز

sujar-se (vr)	tawassaχ	توسّخ
mancha (f)	buqʿa (f)	بقعة
engelhar-se (vr)	takarmaʃ	تكرمش
rasgar (vt)	qaṭṭaʿ	قطّع
traça (f)	ʿuθθa (f)	عثّة

38. Cuidados pessoais. Cosméticos

pasta (f) de dentes	maʿʒūn asnān (m)	معجون أسنان
escova (f) de dentes	furʃat asnān (f)	فرشة أسنان
escovar os dentes	naẓẓaf al asnān	نظّف الأسنان

máquina (f) de barbear	mūs ḥilāqa (m)	موس حلاقة
creme (m) de barbear	krīm ḥilāqa (m)	كريم حلاقة
barbear-se (vr)	ḥalaq	حلق
sabonete (m)	ṣābūn (m)	صابون

champô (m)	ʃāmbū (m)	شامبو
tesoura (f)	maqaṣṣ (m)	مقص
lima (f) de unhas	mibrad (m)	مبرد
corta-unhas (m)	milqaṭ (m)	ملقط
pinça (f)	milqaṭ (m)	ملقط

cosméticos (m pl)	mawādd at taʒmīl (pl)	مواد التجميل
máscara (f) facial	mask (m)	ماسك
manicura (f)	manikūr (m)	مانيكور
fazer a manicura	ʿamal manikūr	عمل مانيكور
pedicure (f)	badikīr (m)	باديكير

mala (f) de maquilhagem	ḥaqībat adawāt at taʒmīl (f)	حقيبة أدوات التجميل
pó (m)	budrat waʒh (f)	بودرة وجه
caixa (f) de pó	ʿulbat būdra (f)	علبة بودرة
blush (m)	aḥmar xudūd (m)	أحمر خدود

perfume (m)	ʿiṭr (m)	عطر
água (f) de toilette	kulūnya (f)	كولونيا
loção (f)	lusiyun (m)	لوسيون
água-de-colónia (f)	kulūniya (f)	كولونيا

sombra (f) de olhos	ay ʃaduw (m)	اي شادو
lápis (m) delineador	kuḥl al ʿuyūn (m)	كحل العيون
máscara (f), rímel (m)	maskara (f)	ماسكارا

batom (m)	aḥmar ʃifāh (m)	أحمر شفاه
verniz (m) de unhas	mulammiʿ al aẓāfir (m)	ملمع الاظافر
laca (f) para cabelos	muθabbit aʃ ʃaʿr (m)	مثبت الشعر
desodorizante (m)	muzīl rawāʾiḥ (m)	مزيل روائح

creme (m)	krīm (m)	كريم
creme (m) de rosto	krīm lil waʒh (m)	كريم للوجه
creme (m) de mãos	krīm lil yadayn (m)	كريم لليدين
creme (m) antirrugas	krīm muḍādd lit taʒāʿīd (m)	كريم مضاد للتجاعيد
creme (m) de dia	krīm an nahār (m)	كريم النهار
creme (m) de noite	krīm al layl (m)	كريم الليل
de dia	nahāriy	نهاري
da noite	layliy	ليلي

tampão (m)	tambūn (m)	تانبون
papel (m) higiénico	waraq ḥammām (m)	ورق حمام
secador (m) elétrico	muʒaffif ʃaʿr (m)	مجفف شعر

39. Joalheria

joias (f pl)	muʒawharāt (pl)	مجوهرات
precioso	karīm	كريم
marca (f) de contraste	damɣa (f)	دمغة

anel (m)	xātim (m)	خاتم
aliança (f)	diblat al xuṭūba (m)	دبلة الخطوبة
pulseira (f)	siwār (m)	سوار
brincos (m pl)	ḥalaq (m)	حلق

colar (m)	ʿaqd (m)	عقد
coroa (f)	tāʒ (m)	تاج
colar (m) de contas	ʿaqd ẋaraz (m)	عقد خرز

diamante (m)	almās (m)	الماس
esmeralda (f)	zumurrud (m)	زمرد
rubi (m)	yāqūt aḥmar (m)	ياقوت أحمر
safira (f)	yāqūt azraq (m)	ياقوت أزرق
pérola (f)	luʾluʾ (m)	لؤلؤ
âmbar (m)	kahramān (m)	كهرمان

40. Relógios de pulso. Relógios

relógio (m) de pulso	sāʿa (f)	ساعة
mostrador (m)	waʒh as sāʿa (m)	وجه الساعة
ponteiro (m)	ʿaqrab as sāʿa (m)	عقرب الساعة
bracelete (f) em aço	siwār sāʿa maʿdaniyya (m)	سوار ساعة معدنية
bracelete (f) em couro	siwār sāʿa (m)	سوار ساعة

pilha (f)	baṭṭāriyya (f)	بطّاريّة
descarregar-se	tafarraɣ	تفرّغ
trocar a pilha	ɣayyar al baṭṭāriyya	غيّر البطّاريّة
estar adiantado	sabaq	سبق
estar atrasado	taʾaẋẋar	تأخّر

relógio (m) de parede	sāʿat ḥāʾiṭ (f)	ساعة حائط
ampulheta (f)	sāʿa ramliyya (f)	ساعة رمليّة
relógio (m) de sol	sāʿa ʃamsiyya (f)	ساعة شمسيّة
despertador (m)	munabbih (m)	منبّه
relojoeiro (m)	saʿātiy (m)	ساعاتيّ
reparar (vt)	aṣlaḥ	أصلح

Alimentação. Nutrição

41. Comida

carne (f)	lahm (m)	لحم
galinha (f)	daӡāӡ (m)	دجاج
frango (m)	farrūӡ (m)	فروج
pato (m)	batta (f)	بطة
ganso (m)	iwazza (f)	إوزة
caça (f)	sayd (m)	صيد
peru (m)	daӡāӡ rūmiy (m)	دجاج رومي

carne (f) de porco	lahm al xinzīr (m)	لحم الخنزير
carne (f) de vitela	lahm il 'iӡl (m)	لحم العجل
carne (f) de carneiro	lahm ad da'n (m)	لحم الضأن
carne (f) de vaca	lahm al baqar (m)	لحم البقر
carne (f) de coelho	arnab (m)	أرنب

chouriço, salsichão (m)	suӡuq (m)	سجق
salsicha (f)	suӡuq (m)	سجق
bacon (m)	bikūn (m)	بيكن
fiambre (f)	hām (m)	هام
presunto (m)	faxð xinzīr (m)	فخذ خنزير

patê (m)	ma'ӡūn lahm (m)	معجون لحم
fígado (m)	kibda (f)	كبدة
carne (f) moída	hajwa (f)	حشوة
língua (f)	lisān (m)	لسان

ovo (m)	bayda (f)	بيضة
ovos (m pl)	bayd (m)	بيض
clara (f) do ovo	bayād al bayd (m)	بياض البيض
gema (f) do ovo	safār al bayd (m)	صفار البيض

peixe (m)	samak (m)	سمك
mariscos (m pl)	fawākih al bahr (pl)	فواكه البحر
caviar (m)	kaviyār (m)	كافيار

caranguejo (m)	salta'ūn (m)	سلطعون
camarão (m)	ӡambari (m)	جمبري
ostra (f)	mahār (m)	محار
lagosta (f)	karkand jāik (m)	كركند شائك
polvo (m)	uxtubūt (m)	أخطبوط
lula (f)	kalmāri (m)	كالماري

esturjão (m)	samak al hajj (m)	سمك الحفش
salmão (m)	salmūn (m)	سلمون
halibute (m)	samak al halbūt (m)	سمك الهلبوت
bacalhau (m)	samak al qudd (m)	سمك القد
cavala, sarda (f)	usqumriy (m)	أسقمري

atum (m)	tūna (f)	تونة
enguia (f)	ḥankalīs (m)	حنكليس
truta (f)	salmūn muraqqaṭ (m)	سلمون مرقّط
sardinha (f)	sardīn (m)	سردين
lúcio (m)	samak al karāki (m)	سمك الكراكي
arenque (m)	rinʒa (f)	رنجة
pão (m)	χubz (m)	خبز
queijo (m)	ʒubna (f)	جبنة
açúcar (m)	sukkar (m)	سكّر
sal (m)	milḥ (m)	ملح
arroz (m)	urz (m)	أرز
massas (f pl)	makarūna (f)	مكرونة
talharim (m)	nūdlis (f)	نودلز
manteiga (f)	zubda (f)	زبدة
óleo (m) vegetal	zayt (m)	زيت
óleo (m) de girassol	zayt ʿabīd aʃ ʃams (m)	زيت عبيد الشمس
margarina (f)	marɣarīn (m)	مرغرين
azeitonas (f pl)	zaytūn (m)	زيتون
azeite (m)	zayt az zaytūn (m)	زيت الزيتون
leite (m)	ḥalīb (m)	حليب
leite (m) condensado	ḥalīb mukaθθaf (m)	حليب مكثّف
iogurte (m)	yūɣurt (m)	يوغورت
nata (f) azeda	krīma ḥāmiḍa (f)	كريمة حامضة
nata (f) do leite	krīma (f)	كريمة
maionese (f)	mayunīz (m)	مايونيز
creme (m)	krīmat zubda (f)	كريمة زبدة
grãos (m pl) de cereais	ḥubūb (pl)	حبوب
farinha (f)	daqīq (m)	دقيق
enlatados (m pl)	muʿallabāt (pl)	معلّبات
flocos (m pl) de milho	kurn fliks (m)	كورن فليكس
mel (m)	ʿasal (m)	عسل
doce (m)	murabba (m)	مربّى
pastilha (f) elástica	ʿilk (m)	علك

42. Bebidas

água (f)	māʾ (m)	ماء
água (f) potável	māʾ ʃurb	ماء شرب
água (f) mineral	māʾ maʿdaniy (m)	ماء معدنيّ
sem gás	bi dūn ɣāz	بدون غاز
gaseificada	mukarban	مكربن
com gás	bil ɣāz	بالغاز
gelo (m)	θalʒ (m)	ثلج
com gelo	biθ θalʒ	بالثلج

sem álcool	bi dūn kuḥūl	بدون كحول
bebida (f) sem álcool	maʃrūb ɣāziy (m)	مشروب غازي
refresco (m)	maʃrūb muθallaʒ (m)	مشروب مثلج
limonada (f)	ʃarāb laymūn (m)	شراب ليمون
bebidas (f pl) alcoólicas	maʃrūbāt kuḥūliyya (pl)	مشروبات كحوليّة
vinho (m)	nabīð (f)	نبيذ
vinho (m) branco	nibīð abyaḍ (m)	نبيذ أبيض
vinho (m) tinto	nabīð aḥmar (m)	نبيذ أحمر
licor (m)	liqiūr (m)	ليكيور
champanhe (m)	ʃambāniya (f)	شمبانيا
vermute (m)	virmut (m)	فيرموث
uísque (m)	wiski (m)	وسكي
vodka (f)	vudka (f)	فودكا
gim (m)	ʒīn (m)	جين
conhaque (m)	kunyāk (m)	كونياك
rum (m)	rum (m)	رم
café (m)	qahwa (f)	قهوة
café (m) puro	qahwa sāda (f)	قهوة سادة
café (m) com leite	qahwa bil ḥalīb (f)	قهوة بالحليب
cappuccino (m)	kaputʃīnu (m)	كابتشينو
café (m) solúvel	niskafi (m)	نيسكافيه
leite (m)	ḥalīb (m)	حليب
coquetel (m)	kuktayl (m)	كوكتيل
batido (m) de leite	milk ʃiyk (m)	ميلك شيك
sumo (m)	ʿaṣīr (m)	عصير
sumo (m) de tomate	ʿaṣīr ṭamāṭim (m)	عصير طماطم
sumo (m) de laranja	ʿaṣīr burtuqāl (m)	عصير برتقال
sumo (m) fresco	ʿaṣīr ṭāziʒ (m)	عصير طازج
cerveja (f)	bīra (f)	بيرة
cerveja (f) clara	bīra xafīfa (f)	بيرة خفيفة
cerveja (f) preta	bīra ɣāmiqa (f)	بيرة غامقة
chá (m)	ʃāy (m)	شاي
chá (m) preto	ʃāy aswad (m)	شاي أسود
chá (m) verde	ʃāy axḍar (m)	شاي أخضر

43. Vegetais

legumes (m pl)	xuḍār (pl)	خضار
verduras (f pl)	xuḍrawāt waraqiyya (pl)	خضروات ورقيّة
tomate (m)	ṭamāṭim (f)	طماطم
pepino (m)	xiyār (m)	خيار
cenoura (f)	ʒazar (m)	جزر
batata (f)	baṭāṭis (f)	بطاطس
cebola (f)	baṣal (m)	بصل
alho (m)	θūm (m)	ثوم

couve (f)	kurumb (m)	كرنب
couve-flor (f)	qarnabīṭ (m)	قرنبيط
couve-de-bruxelas (f)	kurumb brūksil (m)	كرنب بروكسل
brócolos (m pl)	brukuli (m)	بركولي

beterraba (f)	banʒar (m)	بنجر
beringela (f)	bātinʒān (m)	باذنجان
curgete (f)	kūsa (f)	كوسة
abóbora (f)	qarʿ (m)	قرع
nabo (m)	lift (m)	لفت

salsa (f)	baqdūnis (m)	بقدونس
funcho, endro (m)	ʃabat (m)	شبت
alface (f)	χass (m)	خسّ
aipo (m)	karafs (m)	كرفس
espargo (m)	halyūn (m)	هليون
espinafre (m)	sabāniχ (m)	سبانخ

ervilha (f)	bisilla (f)	بسلّة
fava (f)	fūl (m)	فول
milho (m)	ðura (f)	ذرة
feijão (m)	faṣūliya (f)	فاصوليا

pimentão (m)	filfil (m)	فلفل
rabanete (m)	fiʒl (m)	فجل
alcachofra (f)	χurʃūf (m)	خرشوف

44. Frutos. Nozes

fruta (f)	fākiha (f)	فاكهة
maçã (f)	tuffāḥa (f)	تفّاحة
pera (f)	kummaθra (f)	كمّثرى
limão (m)	laymūn (m)	ليمون
laranja (f)	burtuqāl (m)	برتقال
morango (m)	farawla (f)	فراولة

tangerina (f)	yūsufiy (m)	يوسفي
ameixa (f)	barqūq (m)	برقوق
pêssego (m)	durrāq (m)	دراق
damasco (m)	miʃmiʃ (f)	مشمش
framboesa (f)	tūt al ʿullayq al aḥmar (m)	توت العلّيق الأحمر
ananás (m)	ananās (m)	أناناس

banana (f)	mawz (m)	موز
melancia (f)	baṭṭīχ aḥmar (m)	بطّيخ أحمر
uva (f)	ʿinab (m)	عنب
ginja, cereja (f)	karaz (m)	كرز
meloa (f)	baṭṭīχ aṣfar (f)	بطّيخ أصفر

toranja (f)	zinbāʿ (m)	زنباع
abacate (m)	avukādu (f)	افوكاتو
papaia (f)	babāya (m)	ببايا
manga (f)	mangu (m)	مانجو
romã (f)	rummān (m)	رمان

groselha (f) vermelha	kiʃmiʃ aḥmar (m)	كشمش أحمر
groselha (f) preta	'inab aθ θa'lab al aswad (m)	عنب الثعلب الأسود
groselha (f) espinhosa	'inab aθ θa'lab (m)	عنب الثعلب
mirtilo (m)	'inab al aḥrāʒ (m)	عنب الأحراج
amora silvestre (f)	θamar al 'ullayk (m)	ثمر العليّق

uvas (f pl) passas	zabīb (m)	زبيب
figo (m)	tīn (m)	تين
tâmara (f)	tamr (m)	تمر

amendoim (m)	fūl sudāniy (m)	فول سودانيّ
amêndoa (f)	lawz (m)	لوز
noz (f)	'ayn al ʒamal (f)	عين الجمل
avelã (f)	bunduq (m)	بندق
coco (m)	ʒawz al hind (m)	جوز هند
pistáchios (m pl)	fustuq (m)	فستق

45. Pão. Bolaria

pastelaria (f)	ḥalawiyyāt (pl)	حلويّات
pão (m)	χubz (m)	خبز
bolacha (f)	baskawīt (m)	بسكويت

chocolate (m)	ʃukulāta (f)	شكولاتة
de chocolate	biʃ ʃukulāṭa	بالشكولاتة
rebuçado (m)	bumbūn (m)	بونبون
bolo (cupcake, etc.)	ka'k (m)	كعك
bolo (m) de aniversário	tūrta (f)	تورتة

tarte (~ de maçã)	fatīra (f)	فطيرة
recheio (m)	ḥaʃwa (f)	حشوة

doce (m)	murabba (m)	مربّى
geleia (f) de frutas	marmalād (f)	مرملاد
waffle (m)	wāfil (m)	وافل
gelado (m)	muθallaʒāt (pl)	مثلّجات
pudim (m)	būding (m)	بودنج

46. Pratos cozinhados

prato (m)	waʒba (f)	وجبة
cozinha (~ portuguesa)	maṭbaχ (m)	مطبخ
receita (f)	waṣfa (f)	وصفة
porção (f)	waʒba (f)	وجبة

salada (f)	sulṭa (f)	سلطة
sopa (f)	ʃūrba (f)	شوربة

caldo (m)	maraq (m)	مرق
sandes (f)	sandawitʃ (m)	ساندويتش
ovos (m pl) estrelados	bayḍ maqliy (m)	بيض مقليّ
hambúrguer (m)	hamburger (m)	هامبورجر

bife (m)	biftīk (m)	بفتيك
conduto (m)	ṭabaq ʒānibiy (m)	طبق جانبيَ
espaguete (m)	spayitti (m)	سباغيتي
puré (m) de batata	harīs baṭāṭis (m)	هريس بطاطس
pizza (f)	bītza (f)	بيتزا
papa (f)	ʿaṣīda (f)	عصيدة
omelete (f)	bayḍ maxfūq (m)	بيض مخفوق

cozido em água	maslūq	مسلوق
fumado	mudaxxin	مدخن
frito	maqliy	مقليَ
seco	muʒaffaf	مجفف
congelado	muʒammad	مجمَد
em conserva	muxallil	مخلل

doce (açucarado)	musakkar	مسكَر
salgado	māliḥ	مالح
frio	bārid	بارد
quente	sāxin	ساخن
amargo	murr	مرَ
gostoso	laðīð	لذيذ

cozinhar (em água a ferver)	ṭabax	طبخ
fazer, preparar (vt)	ḥaḍḍar	حضَر
fritar (vt)	qala	قلي
aquecer (vt)	saxxan	سخَن

salgar (vt)	mallaḥ	ملَح
apimentar (vt)	falfal	فلفل
ralar (vt)	baʃar	بشر
casca (f)	qiʃra (f)	قشرة
descascar (vt)	qaʃʃar	قشَر

47. Especiarias

sal (m)	milḥ (m)	ملح
salgado	māliḥ	مالح
salgar (vt)	mallaḥ	ملَح

pimenta (f) preta	filfil aswad (m)	فلفل أسود
pimenta (f) vermelha	filfil aḥmar (m)	فلفل أحمر
mostarda (f)	ṣalṣat al xardal (f)	صلصة الخردل
raiz-forte (f)	fiʒl ḥārr (m)	فجل حارّ

condimento (m)	tābil (m)	تابل
especiaria (f)	bahār (m)	بهار
molho (m)	ṣalṣa (f)	صلصة
vinagre (m)	xall (m)	خلّ

anis (m)	yānsūn (m)	يانسون
manjericão (m)	rīḥān (m)	ريحان
cravo (m)	qurumful (m)	قرنفل
gengibre (m)	zanʒabīl (m)	زنجبيل
coentro (m)	kuzbara (f)	كزبرة

canela (f)	qirfa (f)	قرفة
sésamo (m)	simsim (m)	سمسم
folhas (f pl) de louro	awrāq al ɣār (pl)	أوراق الغار
páprica (f)	babrika (f)	بابريكا
cominho (m)	karāwiya (f)	كراوية
açafrão (m)	za'farān (m)	زعفران

48. Refeições

comida (f)	akl (m)	أكل
comer (vt)	akal	أكل

pequeno-almoço (m)	futūr (m)	فطور
tomar o pequeno-almoço	aftar	أفطر
almoço (m)	ɣadā' (m)	غداء
almoçar (vi)	tayadda	تغدى
jantar (m)	'aʃā' (m)	عشاء
jantar (vi)	ta'aʃʃa	تعشى

apetite (m)	ʃahiyya (f)	شهيّة
Bom apetite!	hanī'an marī'an!	هنيئًا مريئًا!

abrir (~ uma lata, etc.)	fataḥ	فتح
derramar (vt)	dalaq	دلق
derramar-se (vr)	indalaq	إندلق
ferver (vi)	ɣala	غلى
ferver (vt)	ɣala	غلى
fervido	maɣliy	مغليّ
arrefecer (vt)	barrad	برّد
arrefecer-se (vr)	tabarrad	تبرّد

sabor, gosto (m)	ṭa'm (m)	طعم
gostinho (m)	al maðāq al 'āliq fil fam (m)	المذاق العالق فى الفم

fazer dieta	faqad al wazn	فقد الوزن
dieta (f)	ḥimya ɣaðā'iyya (f)	حمية غذائية
vitamina (f)	vitamīn (m)	فيتامين
caloria (f)	su'ra ḥarāriyya (f)	سعرة حرارية
vegetariano (m)	nabātiy (m)	نباتيّ
vegetariano	nabātiy	نباتيّ

gorduras (f pl)	duhūn (pl)	دهون
proteínas (f pl)	brutināt (pl)	بروتينات
carboidratos (m pl)	naʃawiyyāt (pl)	نشويّات
fatia (~ de limão, etc.)	ʃarīḥa (f)	شريحة
pedaço (~ de bolo)	qiṭ'a (f)	قطعة
migalha (f)	futāta (f)	فتاتة

49. Por a mesa

colher (f)	mil'aqa (f)	ملعقة
faca (f)	sikkīn (m)	سكّين

garfo (m)	ʃawka (f)	شوكة
chávena (f)	finʒān (m)	فنجان
prato (m)	tabaq (m)	طبق
pires (m)	tabaq finʒān (m)	طبق فنجان
guardanapo (m)	mandīl (m)	منديل
palito (m)	χallat asnān (f)	خلّة أسنان

50. Restaurante

restaurante (m)	matʿam (m)	مطعم
café (m)	kafé (m), maqha (m)	كافيه, مقهى
bar (m), cervejaria (f)	bār (m)	بار
salão (m) de chá	sālun ʃāy (m)	صالون شاي
empregado (m) de mesa	nādil (m)	نادل
empregada (f) de mesa	nādila (f)	نادلة
barman (m)	bārman (m)	بارمان
ementa (f)	qāʾimat at taʿām (f)	قائمة طعام
lista (f) de vinhos	qāʾimat al χumūr (f)	قائمة خمور
reservar uma mesa	haʒaz māʾida	حجز مائدة
prato (m)	waʒba (f)	وجبة
pedir (vt)	talab	طلب
fazer o pedido	talab	طلب
aperitivo (m)	ʃarāb (m)	شراب
entrada (f)	muqabbilāt (pl)	مقبّلات
sobremesa (f)	halawiyyāt (pl)	حلويّات
conta (f)	hisāb (m)	حساب
pagar a conta	dafaʿ al hisāb	دفع الحساب
dar o troco	aʿta al bāqi	أعطى الباقي
gorjeta (f)	baqʃīʃ (m)	بقشيش

Família, parentes e amigos

51. Informação pessoal. Formulários

nome (m)	ism (m)	إسم
apelido (m)	ism al 'ā'ila (m)	إسم العائلة
data (f) de nascimento	tarīx al mīlād (m)	تاريخ الميلاد
local (m) de nascimento	makān al mīlād (m)	مكان الميلاد
nacionalidade (f)	ʒinsiyya (f)	جنسية
lugar (m) de residência	maqarr al iqāma (m)	مقر الإقامة
país (m)	balad (m)	بلد
profissão (f)	mihna (f)	مهنة
sexo (m)	ʒins (m)	جنس
estatura (f)	ṭūl (m)	طول
peso (m)	wazn (m)	وزن

52. Membros da família. Parentes

mãe (f)	umm (f)	أمّ
pai (m)	ab (m)	أب
filho (m)	ibn (m)	إبن
filha (f)	ibna (f)	إبنة
filha (f) mais nova	al ibna aṣ ṣaɣīra (f)	الإبنة الصغيرة
filho (m) mais novo	al ibn aṣ ṣaɣīr (m)	الإبن الصغير
filha (f) mais velha	al ibna al kabīra (f)	الإبنة الكبيرة
filho (m) mais velho	al ibn al kabīr (m)	الإبن الكبير
irmão (m)	ax (m)	أخ
irmão (m) mais velho	al ax al kabīr (m)	الأخ الكبير
irmão (m) mais novo	al ax aṣ ṣaɣīr (m)	الأخ الصغير
irmã (f)	uxt (f)	أخت
irmã (f) mais velha	al uxt al kabīra (f)	الأخت الكبيرة
irmã (f) mais nova	al uxt aṣ ṣaɣīra (f)	الأخت الصغيرة
primo (m)	ibn 'amm (m), ibn xāl (m)	إبن عمّ، إبن خال
prima (f)	ibnat 'amm (f), ibnat xāl (f)	إبنة عم، إبنة خال
mamã (f)	mama (f)	ماما
papá (m)	baba (m)	بابا
pais (pl)	wālidān (du)	والدان
criança (f)	ṭifl (m)	طفل
crianças (f pl)	aṭfāl (pl)	أطفال
avó (f)	ʒidda (f)	جدّة
avô (m)	ʒadd (m)	جدّ
neto (m)	ḥafīd (m)	حفيد

| neta (f) | ḥafīda (f) | حفيدة |
| netos (pl) | aḥfād (pl) | أحفاد |

tio (m)	ʿamm (m), χāl (m)	عمّ, خال
tia (f)	ʿamma (f), χāla (f)	عمّة, خالة
sobrinho (m)	ibn al aχ (m), ibn al uχt (m)	إبن الأخ, إبن الأخت
sobrinha (f)	ibnat al aχ (f), ibnat al uχt (f)	إبنة الأخ, إبنة الأخت
sogra (f)	ḥamātt (f)	حماة
sogro (m)	ḥamm (m)	حم
genro (m)	zawӠ al ibna (m)	زوج الأبنة
madrasta (f)	zawӠat al ab (f)	زوجة الأب
padrasto (m)	zawӠ al umm (m)	زوج الأمَ

criança (f) de colo	ṭifl raḍī‘ (m)	طفل رضيع
bebé (m)	mawlūd (m)	مولود
menino (m)	walad ṣaɣīr (m)	ولد صغير

mulher (f)	zawӠa (f)	زوجة
marido (m)	zawӠ (m)	زوج
esposo (m)	zawӠ (m)	زوج
esposa (f)	zawӠa (f)	زوجة

casado	mutazawwiӠ	متزوّج
casada	mutazawwiӠa	متزوّجة
solteiro	aʿzab	أعزب
solteirão (m)	aʿzab (m)	أعزب
divorciado	muṭallaq (m)	مطلّق
viúva (f)	armala (f)	أرملة
viúvo (m)	armal (m)	أرمل

parente (m)	qarīb (m)	قريب
parente (m) próximo	nasīb qarīb (m)	نسيب قريب
parente (m) distante	nasīb baʿīd (m)	نسيب بعيد
parentes (m pl)	aqārib (pl)	أقارب

órfão (m), órfã (f)	yatīm (m)	يتيم
tutor (m)	waliyy amr (m)	وليّ أمر
adotar (um filho)	tabanna	تبنّى
adotar (uma filha)	tabanna	تبنّى

53. Amigos. Colegas de trabalho

amigo (m)	ṣadīq (m)	صديق
amiga (f)	ṣadīqa (f)	صديقة
amizade (f)	ṣadāqa (f)	صداقة
ser amigos	ṣādaq	صادق

amigo (m)	ṣāḥib (m)	صاحب
amiga (f)	ṣaḥiba (f)	صاحبة
parceiro (m)	rafīq (m)	رفيق

chefe (m)	raʾīs (m)	رئيس
superior (m)	raʾīs (m)	رئيس
proprietário (m)	ṣāḥib (m)	صاحب

| subordinado (m) | tābiʿ (m) | تابع |
| colega (m) | zamīl (m) | زميل |

conhecido (m)	maʿruf (m)	معروف
companheiro (m) de viagem	rafīq safar (m)	رفيق سفر
colega (m) de classe	zamīl fiṣ ṣaff (m)	زميل في الصفّ

vizinho (m)	ʒār (m)	جار
vizinha (f)	ʒāra (f)	جارة
vizinhos (pl)	ʒirān (pl)	جيران

54. Homem. Mulher

mulher (f)	imraʾa (f)	إمرأة
rapariga (f)	fatāt (f)	فتاة
noiva (f)	ʿarūsa (f)	عروسة

bonita	ʒamīla	جميلة
alta	ṭawīla	طويلة
esbelta	raʃīqa	رشيقة
de estatura média	qaṣīra	قصيرة

| loura (f) | ʃaqrāʾ (f) | شقراء |
| morena (f) | sawdāʾ aʃ ʃaʿr (f) | سوداء الشعر |

de senhora	sayyidāt	سيّدات
virgem (f)	ʿaðrāʾ (f)	عذراء
grávida	ḥāmil	حامل

homem (m)	raʒul (m)	رجل
louro (m)	aʃqar (m)	أشقر
moreno (m)	aswad aʃ ʃaʿr (m)	أسود الشعر
alto	ṭawīl	طويل
de estatura média	qaṣīr	قصير

rude	waqiḥ	وقح
atarracado	malyān	مليان
robusto	matīn	متين
forte	qawiy	قويّ
força (f)	quwwa (f)	قوّة

gordo	θaxīn	ثخين
moreno	asmar	أسمر
esbelto	raʃīq	رشيق
elegante	anīq	أنيق

55. Idade

idade (f)	ʿumr (m)	عمر
juventude (f)	ʃabāb (m)	شباب
jovem	ʃābb	شابّ
mais novo	aṣɣar	أصغر

mais velho	akbar	أكبر
jovem (m)	ʃābb (m)	شابّ
adolescente (m)	murāhiq (m)	مراهق
rapaz (m)	ʃābb (m)	شابّ

| velho (m) | ʿaʒūz (m) | عجوز |
| velhota (f) | ʿaʒūza (f) | عجوزة |

adulto	bāliɣ (m)	بالغ
de meia-idade	fi muntaṣaf al ʿumr	في منتصف العمر
idoso, de idade	ʿaʒūz	عجوز
velho	ʿaʒūz	عجوز

reforma (f)	maʿāʃ (m)	معاش
reformar-se (vr)	uḥīl ʿalal maʿāʃ	أحيل على المعاش
reformado (m)	mutaqāʾid (m)	متقاعد

56. Crianças

criança (f)	ṭifl (m)	طفل
crianças (f pl)	aṭfāl (pl)	أطفال
gémeos (m pl)	tawʾamān (du)	توأمان

berço (m)	mahd (m)	مهد
guizo (m)	ҳaʃҳīʃa (f)	خشخيشة
fralda (f)	ḥifāẓ aṭfāl (m)	حفاظ أطفال

chupeta (f)	bazzāza (f)	بزّازة
carrinho (m) de bebé	ʿarabat aṭfāl (f)	عربة أطفال
jardim (m) de infância	rawḍat aṭfāl (f)	روضة أطفال
babysitter (f)	murabbiyat aṭfāl (f)	مربّية الأطفال

| infância (f) | ṭufūla (f) | طفولة |
| boneca (f) | dumya (f) | دمية |

| brinquedo (m) | luʿba (f) | لعبة |
| jogo (m) de armar | mukaʿʿabāt (pl) | مكعّبات |

bem-educado	muʾaddab	مؤدّب
mal-educado	qalīl al adab	قليل الأدب
mimado	mutdalliʿ	متدلّع

| ser travesso | laʿib | لعب |
| travesso, traquinas | laʿūb | لعوب |

| travessura (f) | izʿāʒ (m) | إزعاج |
| criança (f) travessa | ṭifl laʿūb (m) | طفل لعوب |

| obediente | muṭīʿ | مطيع |
| desobediente | ʿāq | عاقّ |

dócil	ʿāqil	عاقل
inteligente	ðakiy	ذكيّ
menino (m) prodígio	ṭifl muʿʒiza (m)	طفل معجزة

57. Casais. Vida de família

beijar (vt)	bās	باس
beijar-se (vr)	bās	باس
família (f)	'ā'ila (f)	عائلة
familiar	'ā'iliy	عائليّ
casal (m)	zawʒān (du)	زوجان
matrimónio (m)	zawāʒ (m)	زواج
lar (m)	bayt (m)	بيت
dinastia (f)	sulāla (f)	سلالة
encontro (m)	maw'id (m)	موعد
beijo (m)	būsa (f)	بوسة
amor (m)	ḥubb (m)	حبّ
amar (vt)	aḥabb	أحبّ
amado, querido	ḥabīb	حبيب
ternura (f)	ḥanān (m)	حنان
terno, afetuoso	ḥanūn	حنون
fidelidade (f)	iχlāṣ (m)	إخلاص
fiel	muχliṣ	مخلص
cuidado (m)	'ināya (f)	عناية
carinhoso	muhtamm	مهتمّ
recém-casados (m pl)	'arūsān (du)	عروسان
lua de mel (f)	ʃahr al 'asal (m)	شهر العسل
casar-se (com um homem)	tazawwaʒ	تزوّج
casar-se (com uma mulher)	tazawwaʒ	تزوّج
boda (f)	zifāf (m)	زفاف
amante (m)	ḥabīb (m)	حبيب
amante (f)	ḥabība (f)	حبيبة
adultério (m)	χiyāna zawʒiyya (f)	خيانة زوجية
cometer adultério	χān	خان
ciumento	ɣayūr	غيور
ser ciumento	ɣār	غار
divórcio (m)	ṭalāq (m)	طلاق
divorciar-se (vr)	ṭallaq	طلّق
brigar (discutir)	taʃāʒar	تشاجر
fazer as pazes	taṣālaḥ	تصالح
juntos	ma'an	معًا
sexo (m)	ʒins (m)	جنس
felicidade (f)	sa'āda (f)	سعادة
feliz	sa'īd	سعيد
infelicidade (f)	muṣība (m)	مصيبة
infeliz	ta'is	تعس

Caráter. Sentimentos. Emoções

58. Sentimentos. Emoções

sentimento (m)	ʃuʿūr (m)	شعور
sentimentos (m pl)	maʃāʿir (pl)	مشاعر
sentir (vt)	ʃaʿar	شعر
fome (f)	ʒawʿ (m)	جوع
ter fome	arād an yaʾkul	أراد أن يأكل
sede (f)	ʿaṭaʃ (m)	عطش
ter sede	arād an yaʃrab	أراد أن يشرب
sonolência (f)	nuʿās (m)	نعاس
estar sonolento	arād an yanām	أراد أن ينام
cansaço (m)	taʿab (m)	تعب
cansado	taʿbān	تعبان
ficar cansado	taʿib	تعب
humor (m)	ḥāla nafsiyya, mazāʒ (m)	حالة نفسيّة, مزاج
tédio (m)	malal (m)	ملل
aborrecer-se (vr)	ʃaʿar bil malal	شعر بالملل
isolamento (m)	ʿuzla (f)	عزلة
isolar-se	inzawa	إنزوى
preocupar (vt)	aqlaq	أقلق
preocupar-se (vr)	qalaq	قلق
preocupação (f)	qalaq (m)	قلق
ansiedade (f)	qalaq (m)	قلق
preocupado	maʃɣūl al bāl	مشغول البال
estar nervoso	qalaq	قلق
entrar em pânico	uṣīb bið ðaʿr	أصيب بالذعر
esperança (f)	amal (m)	أمل
esperar (vt)	tamanna	تمنّى
certeza (f)	yaqīn (m)	يقين
certo	mutaʾakkid	متأكّد
indecisão (f)	ʿadam at taʾakkud (m)	عدم التأكّد
indeciso	ɣayr mutaʾakkid	غير متأكّد
ébrio, bêbado	sakrān	سكران
sóbrio	ṣāḥi	صاح
fraco	ḍaʿīf	ضعيف
feliz	saʿīd	سعيد
assustar (vt)	arhab	أرهب
fúria (f)	ɣaḍab ʃadīd (m)	غضب شديد
ira, raiva (f)	ɣaḍab (m)	غضب
depressão (f)	iktiʾāb (m)	إكتئاب
desconforto (m)	ʿadam irtiyāḥ (m)	عدم إرتياح

conforto (m)	rāḥa (f)	راحة
arrepender-se (vr)	nadim	ندم
arrependimento (m)	nadam (m)	ندم
azar (m), má sorte (f)	sū' al ḥaẓẓ (m)	سوء الحظ
tristeza (f)	ḥuzn (f)	حزن

vergonha (f)	xaʒal (m)	خجل
alegria (f)	faraḥ (m)	فرح
entusiasmo (m)	ḥamās (m)	حماس
entusiasta (m)	mutaḥammis (m)	متحمّس
mostrar entusiasmo	taḥammas	تحمّس

59. Caráter. Personalidade

caráter (m)	ṭabʿ (m)	طبع
falha (f) de caráter	ʿayb (m)	عيب
mente (f), razão (f)	ʿaql (m)	عقل

consciência (f)	ḍamīr (m)	ضمير
hábito (m)	ʿāda (f)	عادة
habilidade (f)	qudra (f)	قدرة
saber (~ nadar, etc.)	ʿaraf	عرف

paciente	ṣābir	صابر
impaciente	qalīl aṣ ṣabr	قليل الصبر
curioso	fuḍūliy	فضوليّ
curiosidade (f)	fuḍūl (m)	فضول

modéstia (f)	tawāḍuʿ (m)	تواضع
modesto	mutawāḍiʿ	متواضع
imodesto	ɣayr mutawāḍiʿ	غير متواضع

preguiça (f)	kasal (m)	كسل
preguiçoso	kaslān	كسلان
preguiçoso (m)	kaslān (m)	كسلان

astúcia (f)	makr (m)	مكر
astuto	mākir	ماكر
desconfiança (f)	ʿadam aθ θiqa (m)	عدم الثقة
desconfiado	ʃakūk	شكوك

generosidade (f)	karam (m)	كرم
generoso	karīm	كريم
talentoso	mawhūb	موهوب
talento (m)	mawhiba (f)	موهبة

corajoso	ʃuʒāʿ	شجاع
coragem (f)	ʃaʒāʿa (f)	شجاعة
honesto	amīn	أمين
honestidade (f)	amāna (f)	أمانة

prudente	ḥāðir	حاذر
valente	ʃuʒāʿ	شجاع
sério	ʒādd	جادّ

severo	ṣārim	صارم
decidido	ḥazīm	حزيم
indeciso	mutaraddid	متردد
tímido	χaӡūl	خجول
timidez (f)	χaӡal (m)	خجل

confiança (f)	θiqa (f)	ثقة
confiar (vt)	waθiq	وثق
crédulo	sarī' at taṣdīq	سريع التصديق

sinceramente	bi ṣarāḥa	بصراحة
sincero	muχliṣ	مخلص
sinceridade (f)	iχlāṣ (m)	إخلاص
aberto	ṣarīḥ	صريح

calmo	hādi'	هادئ
franco	ṣarīḥ	صريح
ingénuo	sāðiӡ	ساذج
distraído	ʃārid al fikr	شارد الفكر
engraçado	muḍḥik	مضحك

ganância (f)	buχl (m)	بخل
ganancioso	baχīl	بخيل
avarento	baχīl	بخيل
mau	ʃarīr	شرير
teimoso	'anīd	عنيد
desagradável	karīh	كريه

egoísta (m)	anāniy (m)	أنانيّ
egoísta	anāniy	أنانيّ
cobarde (m)	ӡabān (m)	جبان
cobarde	ӡabān	جبان

60. O sono. Sonhos

dormir (vi)	nām	نام
sono (m)	nawm (m)	نوم
sonho (m)	ḥulm (m)	حلم
sonhar (vi)	ḥalam	حلم
sonolento	na'sān	نعسان

cama (f)	sarīr (m)	سرير
colchão (m)	martaba (f)	مرتبة
cobertor (m)	baṭṭāniyya (f)	بطانيّة
almofada (f)	wisāda (f)	وسادة
lençol (m)	milāya (f)	ملاية

insónia (f)	araq (m)	أرق
insone	ariq	أرق
sonífero (m)	munawwim (m)	منوّم
tomar um sonífero	tanāwal munawwim	تناول منوّمًا

| estar sonolento | arād an yanām | أراد أن ينام |
| bocejar (vi) | taθā'ab | تثاءب |

ir para a cama	ðahab ila n nawm	ذهب إلى النوم
fazer a cama	a'add as sarīr	أعدّ السرير
adormecer (vi)	nām	نام

pesadelo (m)	kābūs (m)	كابوس
ronco (m)	ʃaxīr (m)	شخير
roncar (vi)	ʃaxxar	شخر

despertador (m)	munabbih (m)	منبّه
acordar, despertar (vt)	ayqaẓ	أيقظ
acordar (vi)	istayqaẓ	إستيقظ
levantar-se (vr)	qām	قام
lavar-se (vr)	yasal waʒhah	غسل وجهه

61. Humor. Riso. Alegria

humor (m)	fukāha (f)	فكاهة
sentido (m) de humor	ḥiss (m)	حس
divertir-se (vr)	istamtaʿ	إستمتع
alegre	farḥān	فرحان
alegria (f)	faraḥ (m)	فرح

sorriso (m)	ibtisāma (f)	إبتسامة
sorrir (vi)	ibtasam	إبتسم
começar a rir	ḍaḥik	ضحك
rir (vi)	ḍaḥik	ضحك
riso (m)	ḍaḥka (f)	ضحكة

anedota (f)	ḥikāya muḍḥika (f)	حكاية مضحكة
engraçado	muḍḥik	مضحك
ridículo	muḍḥik	مضحك

brincar, fazer piadas	mazaḥ	مزح
piada (f)	nukta (f)	نكتة
alegria (f)	sa'āda (f)	سعادة
regozijar-se (vr)	mariḥ	مرح
alegre	saʿīd	سعيد

62. Discussão, conversação. Parte 1

| comunicação (f) | tawāṣul (m) | تواصل |
| comunicar-se (vr) | tawāṣal | تواصل |

conversa (f)	muḥādaθa (f)	محادثة
diálogo (m)	ḥiwār (m)	حوار
discussão (f)	munāqaʃa (f)	مناقشة
debate (m)	munāẓara (f)	مناظرة
debater (vt)	xālaf	خالف

interlocutor (m)	muḥāwir (m)	محاور
tema (m)	mawḍūʿ (m)	موضوع
ponto (m) de vista	wiʒhat naẓar (f)	وجهة نظر

| opinião (f) | ra'y (m) | رأي |
| discurso (m) | χitāb (m) | خطاب |

discussão (f)	munāqaʃa (f)	مناقشة
discutir (vt)	nāqaʃ	ناقش
conversa (f)	ḥadīs (m)	حديث
conversar (vi)	taḥādaθ	تحادث
encontro (m)	liqā' (m)	لقاء
encontrar-se (vr)	qābal	قابل

provérbio (m)	maθal (m)	مثل
ditado (m)	qawl ma'θūr (m)	قول مأثور
adivinha (f)	luɣz (m)	لغز
dizer uma adivinha	alqa luɣz	ألقى لغزًا
senha (f)	kalimat al murūr (f)	كلمة مرور
segredo (m)	sirr (m)	سر

juramento (m)	qasam (m)	قسم
jurar (vi)	aqsam	أقسم
promessa (f)	wa'd (m)	وعد
prometer (vt)	wa'ad	وعد

conselho (m)	naṣīḥa (f)	نصيحة
aconselhar (vt)	naṣaḥ	نصح
seguir o conselho	intaṣaḥ	إنتصح
escutar (~ os conselhos)	aṭā'	أطاع

novidade, notícia (f)	χabar (m)	خبر
sensação (f)	ḍaʒʒa (f)	ضجة
informação (f)	ma'lūmāt (pl)	معلومات
conclusão (f)	istintāʒ (f)	إستنتاج
voz (f)	ṣawt (m)	صوت
elogio (m)	madḥ (m)	مدح
amável	laṭīf	لطيف

palavra (f)	kalima (f)	كلمة
frase (f)	'ibāra (f)	عبارة
resposta (f)	ʒawāb (m)	جواب

| verdade (f) | ḥaqīqa (f) | حقيقة |
| mentira (f) | kiðb (m) | كذب |

pensamento (m)	fikra (f)	فكرة
ideia (f)	fikra (f)	فكرة
fantasia (f)	χayāl (m)	خيال

63. Discussão, conversação. Parte 2

estimado	muḥtaram	محترم
respeitar (vt)	iḥtaram	إحترم
respeito (m)	iḥtirām (m)	إحترام
Estimado ..., Caro ...	'azīzi ...	عزيزي...
apresentar (vt)	'arraf	عرّف
travar conhecimento	ta'arraf	تعرّف

intenção (f)	niyya (f)	نيّة
tencionar (vt)	nawa	نوى
desejo (m)	tamanni (m)	تمنّ
desejar (ex. ~ boa sorte)	tamanna	تمنّى

surpresa (f)	ʿaʒab (m)	عجب
surpreender (vt)	adhaʃ	أدهش
surpreender-se (vr)	indahaʃ	إندهش

dar (vt)	aʿṭa	أعطى
pegar (tomar)	aχað	أخذ
devolver (vt)	radd	ردّ
retornar (vt)	arʒaʿ	أرجع

desculpar-se (vr)	iʿtaðar	إعتذر
desculpa (f)	iʿtiðār (m)	إعتذار
perdoar (vt)	ʿafa	عفا

falar (vi)	taḥaddaθ	تحدّث
escutar (vt)	istamaʿ	إستمع
ouvir até o fim	samiʿ	سمع
compreender (vt)	fahim	فهم

mostrar (vt)	ʿaraḍ	عرض
olhar para ...	naẓar	نظر
chamar (dizer em voz alta o nome)	nāda	نادى
distrair (vt)	ʃaɣal	شغل
perturbar (vt)	azʿaʒ	أزعج
entregar (~ em mãos)	sallam	سلّم

pedido (m)	ṭalab (m)	طلب
pedir (ex. ~ ajuda)	ṭalab	طلب
exigência (f)	maṭlab (m)	مطلب
exigir (vt)	ṭālib	طالب

chamar nomes (vt)	ɣāẓ	غاظ
zombar (vt)	saχar	سخر
zombaria (f)	suχriyya (f)	سخريّة
alcunha (f)	laqab (m)	لقب

insinuação (f)	talmīḥ (m)	تلميح
insinuar (vt)	lamaḥ	لمح
subentender (vt)	qaṣad	قصد

descrição (f)	waṣf (m)	وصف
descrever (vt)	waṣaf	وصف
elogio (m)	madḥ (m)	مدح
elogiar (vt)	madaḥ	مدح

desapontamento (m)	χaybat amal (f)	خيبة أمل
desapontar (vt)	χayyab	خيّب
desapontar-se (vr)	χābat ʾāmāluh	خابت آماله

suposição (f)	iftirāḍ (m)	إفتراض
supor (vt)	iftaraḍ	إفترض

advertência (f)	taḥðīr (m)	تحذير
advertir (vt)	ḥaððar	حذّر

64. Discussão, conversação. Parte 3

convencer (vt)	aqnaʿ	أقنع
acalmar (vt)	ṭamʾan	طمأن
silêncio (o ~ é de ouro)	sukūt (m)	سكوت
ficar em silêncio	sakat	سكت
sussurrar (vt)	hamas	همس
sussurro (m)	hamsa (f)	همسة
francamente	bi ṣarāḥa	بصراحة
a meu ver ...	fi raʾyi ...	في رأيي...
detalhe (~ da história)	tafṣīl (m)	تفصيل
detalhado	mufaṣṣal	مفصّل
detalhadamente	bit tafāṣīl	بالتفاصيل
dica (f)	iʃāra (f), talmīḥ (m)	إشارة، تلميح
dar uma dica	aʿṭa talmīḥ	أعطى تلميحاً
olhar (m)	naẓra (f)	نظرة
dar uma vista de olhos	alqa naẓra	ألقى نظرة
fixo (olhar ~)	θābit	ثابت
piscar (vi)	ramaʃ	رمش
pestanejar (vt)	ɣamaz	غمز
acenar (com a cabeça)	hazz raʾsah	هزّ رأسه
suspiro (m)	tanahhuda (f)	تنهّدة
suspirar (vi)	tanahhad	تنهّد
estremecer (vi)	irtaʿaʃ	إرتعش
gesto (m)	iʃārat yad (f)	إشارة يد
tocar (com as mãos)	lamas	لمس
agarrar (~ pelo braço)	amsak	أمسك
bater de leve	ṣafaq	صفق
Cuidado!	χuð bālak!	خذ بالك!
A sério?	wallahi?	والله؟
Tem certeza?	hal anta mutaʾakkid?	هل أنت متأكّد؟
Boa sorte!	bit tawfīq!	بالتوفيق!
Compreendi!	wāḍiḥ!	واضح!
Que pena!	ya lil asaf!	يا للأسف!

65. Acordo. Recusa

consentimento (~ mútuo)	muwāfaqa (f)	موافقة
consentir (vi)	wāfaʾ	وافق
aprovação (f)	istiḥsān (m)	إستحسان
aprovar (vt)	istiḥsan	إستحسن
recusa (f)	rafḍ (m)	رفض

negar-se (vt)	rafaḍ	رفض
Está ótimo!	'aẓīm!	اعظيم!
Muito bem!	ittafaqna!	إتّفقنا!
Está bem! De acordo!	ittafaqna!	إتّفقنا!

proibido	mamnū'	ممنوع
é proibido	mamnū'	ممنوع
é impossível	mustaḥīl	مستحيل
incorreto	ɣalaṭ	غلط

rejeitar (~ um pedido)	rafaḍ	رفض
apoiar (vt)	ayyad	أيّد
aceitar (desculpas, etc.)	qabil	قبل

confirmar (vt)	aθbat	أثبت
confirmação (f)	iθbāt (m)	إثبات
permissão (f)	samāḥ (m)	سماح
permitir (vt)	samaḥ	سمح
decisão (f)	qarār (m)	قرار
não dizer nada	ṣamat	صمت

condição (com uma ~)	ʃarṭ (m)	شرط
pretexto (m)	'uðr (m)	عذر
elogio (m)	madḥ (m)	مدح
elogiar (vt)	madaḥ	مدح

66. Sucesso. Boa sorte. Insucesso

êxito, sucesso (m)	naʒāḥ (m)	نجاح
com êxito	bi naʒāḥ	بنجاح
bem sucedido	nāʒiḥ	ناجح

sorte (fortuna)	ḥaẓẓ (m)	حظ
Boa sorte!	bit tawfīq!	بالتوفيق!
de sorte	murawaffiq	متوفّق
sortudo, felizardo	maḥẓūẓ	محظوظ

fracasso (m)	faʃl (m)	فشل
pouca sorte (f)	sūʾ al ḥaẓẓ (m)	سوء الحظّ
azar (m), má sorte (f)	sūʾ al ḥaẓẓ (m)	سوء الحظّ

mal sucedido	fāʃil	فاشل
catástrofe (f)	kāriθa (f)	كارثة

orgulho (m)	faχr (m)	فخر
orgulhoso	faχūr	فخور
estar orgulhoso	iftaχar	إفتخر

vencedor (m)	fāʾiz (m)	فائز
vencer (vi)	fāz	فاز
perder (vt)	χasir	خسر
tentativa (f)	muḥāwala (f)	محاولة
tentar (vt)	ḥāwal	حاول
chance (m)	furṣa (f)	فرصة

67. Conflitos. Emoções negativas

grito (m)	ṣarχa (f)	صرخة
gritar (vi)	ṣaraχ	صرخ
começar a gritar	ṣaraχ	صرخ

discussão (f)	muʃāӡara (f)	مشاجرة
discutir (vt)	taʃāӡar	تشاجر
escândalo (m)	muʃāӡara (f)	مشاجرة
criar escândalo	taʃāӡar	تشاجر
conflito (m)	χilāf (m)	خلاف
mal-entendido (m)	sū'at tafāhum (m)	سوء التفاهم

insulto (m)	ihāna (f)	إهانة
insultar (vt)	ahān	أهان
insultado	muhān	مهان
ofensa (f)	ḍaym (m)	ضيم
ofender (vt)	asā'	أساء
ofender-se (vr)	istā'	إستاء

indignação (f)	istiyā' (m)	إستياء
indignar-se (vr)	istā'	إستاء
queixa (f)	ʃakwa (f)	شكوى
queixar-se (vr)	ʃaka	شكا

desculpa (f)	i'tiðār (m)	إعتذار
desculpar-se (vr)	i'taðar	إعتذر
pedir perdão	i'taðar	إعتذر

crítica (f)	naqd (m)	نقد
criticar (vt)	naqad	نقد
acusação (f)	ittihām (m)	إتّهام
acusar (vt)	ittaham	إتّهم

vingança (f)	intiqām (m)	إنتقام
vingar (vt)	intaqam	إنتقم
vingar-se (vr)	radd	ردّ

desprezo (m)	iḥtiqār (m)	إحتقار
desprezar (vt)	iḥtaqar	إحتقر
ódio (m)	karāha (f)	كراهة
odiar (vt)	karah	كره

nervoso	'aṣabiy	عصبيّ
estar nervoso	qalaq	قلق
zangado	za'lān	زعلان
zangar (vt)	az'al	أزعل

humilhação (f)	iðlāl (m)	إذلال
humilhar (vt)	ðallal	ذلّل
humilhar-se (vr)	taðallal	تذلّل

choque (m)	ṣadma (f)	صدمة
chocar (vt)	ṣadam	صدم
aborrecimento (m)	muʃkila (f)	مشكلة

desagradável	karīh	كريه
medo (m)	χawf (m)	خوف
terrível (tempestade, etc.)	ʃadīd	شديد
assustador (ex. história ~a)	muχīf	مخيف
horror (m)	ruʿb (m)	رعب
horrível (crime, etc.)	murʿib	مرعب

começar a tremer	irtaʿaʃ	إرتعش
chorar (vi)	baka	بكى
começar a chorar	baka	بكى
lágrima (f)	damaʿa (f)	دمعة

falta (f)	ɣalṭa (f)	غلطة
culpa (f)	ðamb (m)	ذنب
desonra (f)	ʿār (m)	عار
protesto (m)	iḥtiʒāʒ (m)	إحتجاج
stresse (m)	tawattur (m)	توتّر

perturbar (vt)	azʿaʒ	أزعج
zangar-se com …	ɣaḍib	غضب
zangado	ɣaḍbān	غضبان
terminar (vt)	anha	أنهى
praguejar	ʃātam	شاتم

assustar-se	χāf	خاف
golpear (vt)	ḍarab	ضرب
brigar (na rua, etc.)	taʿārak	تعارك

resolver (o conflito)	sawwa	سوّى
descontente	ɣayr rāḍi	غير راض
furioso	ʿanīf	عنيف

Não está bem!	laysa haða amr ʒayyid!	ليس هذا أمرًا جيّدًا!
É mau!	haða amr sayyiʾ!	هذا أمر سيّء!

Medicina

68. Doenças

doença (f)	maraḍ (m)	مرض
estar doente	maraḍ	مرض
saúde (f)	ṣiḥḥa (f)	صحّة

nariz (m) a escorrer	zukām (m)	زكام
amigdalite (f)	iltihāb al lawzatayn (m)	التهاب اللوزتين
constipação (f)	bard (m)	برد
constipar-se (vr)	aṣābahu al bard	أصابه البرد

bronquite (f)	iltihāb al qaṣabāt (m)	إلتهاب القصبات
pneumonia (f)	iltihāb ar ri'atayn (m)	إلتهاب الرئتين
gripe (f)	inflūnza (f)	إنفلونزا

míope	qaṣīr an naẓar	قصير النظر
presbita	ba'īd an naẓar	بعيد النظر
estrabismo (m)	ḥawal (m)	حول
estrábico	aḥwal	أحول
catarata (f)	katarakt (f)	كاتاراكت
glaucoma (m)	glawkūma (f)	جلوكوما

AVC (m), apoplexia (f)	sakta (f)	سكتة
ataque (m) cardíaco	iḥtifā' (m)	إحتشاء
enfarte (m) do miocárdio	nawba qalbiya (f)	نوبة قلبية
paralisia (f)	ʃalal (m)	شلل
paralisar (vt)	ʃall	شلَ

alergia (f)	ḥassāsiyya (f)	حسّاسيّة
asma (f)	rabw (m)	ربو
diabetes (f)	ad dā' as sukkariy (m)	الداء السكّريّ

dor (f) de dentes	alam al asnān (m)	ألم الأسنان
cárie (f)	naẖar al asnān (m)	نخر الأسنان

diarreia (f)	ishāl (m)	إسهال
prisão (f) de ventre	imsāk (m)	إمساك
desarranjo (m) intestinal	'usr al haḍm (m)	عسر الهضم
intoxicação (f) alimentar	tasammum (m)	تسمّم
intoxicar-se	tasammam	تسمّم

artrite (f)	iltihāb al mafāṣil (m)	إلتهاب المفاصل
raquitismo (m)	kusāḥ al aṭfāl (m)	كساح الأطفال
reumatismo (m)	riumatizm (m)	روماتزم
arteriosclerose (f)	taṣṣallub aʃ ʃarayīn (m)	تصلّب الشرايين
gastrite (f)	iltihāb al ma'ida (m)	إلتهاب المعدة
apendicite (f)	iltihāb az zā'ida ad dūdiyya (m)	إلتهاب الزائدة الدوديّة

colecistite (f)	iltihāb al marāra (m)	إلتهاب المرارة
úlcera (f)	qurḥa (f)	قرحة

sarampo (m)	maraḍ al ḥaṣba (m)	مرض الحصبة
rubéola (f)	ḥaṣba almāniyya (f)	حصبة ألمانية
iterícia (f)	yaraqān (m)	يرقان
hepatite (f)	iltihāb al kabd al vayrūsiy (m)	إلتهاب الكبد الفيروسي

esquizofrenia (f)	ʃizufrīniya (f)	شيزوفرينيا
raiva (f)	dā' al kalb (m)	داء الكلب
neurose (f)	'iṣāb (m)	عصاب
comoção (f) cerebral	irtiʒāʒ al muxx (m)	إرتجاج المخ

cancro (m)	saraṭān (m)	سرطان
esclerose (f)	taṣṣallub (m)	تصلب
esclerose (f) múltipla	taṣṣallub muta'addid (m)	تصلب متعدد

alcoolismo (m)	idmān al xamr (m)	إدمان الخمر
alcoólico (m)	mudmin al xamr (m)	مدمن الخمر
sífilis (f)	sifilis az zuhariy (m)	سفلس الزهري
SIDA (f)	al aydz (m)	الايدز

tumor (m)	waram (m)	ورم
maligno	xabīθ	خبيث
benigno	ḥamīd (m)	حميد

febre (f)	ḥumma (f)	حمّى
malária (f)	malāriya (f)	ملاريا
gangrena (f)	ɣanɣrīna (f)	غنغرينا
enjoo (m)	duwār al baḥr (m)	دوار البحر
epilepsia (f)	maraḍ aṣ ṣar' (m)	مرض الصرع

epidemia (f)	wabā' (m)	وباء
tifo (m)	tīfus (m)	تيفوس
tuberculose (f)	maraḍ as sull (m)	مرض السلّ
cólera (f)	kulīra (f)	كوليرا
peste (f)	ṭā'ūn (m)	طاعون

69. Sintomas. Tratamentos. Parte 1

sintoma (m)	'araḍ (m)	عرض
temperatura (f)	ḥarāra (f)	حرارة
febre (f)	ḥumma (f)	حمّى
pulso (m)	nabḍ (m)	نبض

vertigem (f)	dawxa (f)	دوخة
quente (testa, etc.)	ḥārr	حارّ
calafrio (m)	nafaḍān (m)	نفضان
pálido	aṣfar	أصفر

tosse (f)	su'āl (m)	سعال
tossir (vi)	sa'al	سعل
espirrar (vi)	'aṭas	عطس
desmaio (m)	iɣmā' (m)	إغماء

desmaiar (vi)	ɣumiya 'alayh	غمي عليه
nódoa (f) negra	kadma (f)	كدمة
galo (m)	tawarrum (m)	تورّم
magoar-se (vr)	iʂtadam	إصطدم
pisadura (f)	raḍḍ (m)	رضّ
aleijar-se (vr)	taraḍḍaḍ	ترضّض

coxear (vi)	'araʒ	عرج
deslocação (f)	χal' (m)	خلع
deslocar (vt)	χala'	خلع
fratura (f)	kasr (m)	كسر
fraturar (vt)	inkasar	إنكسر

corte (m)	ʒurḥ (m)	جرح
cortar-se (vr)	ʒaraḥ nafsah	جرح نفسه
hemorragia (f)	nazf (m)	نزف

queimadura (f)	ḥarq (m)	حرق
queimar-se (vr)	taʃayyat	تشيّط

picar (vt)	waχaz	وخز
picar-se (vr)	waχaz nafsah	وخز نفسه
lesionar (vt)	aʂāb	أصاب
lesão (m)	iʂāba (f)	إصابة
ferida (f), ferimento (m)	ʒurḥ (m)	جرح
trauma (m)	ʂadma (f)	صدمة

delirar (vi)	haða	هذى
gaguejar (vi)	tala'sam	تلعثم
insolação (f)	ḍarbat ʃams (f)	ضربة شمس

70. Sintomas. Tratamentos. Parte 2

dor (f)	alam (m)	ألم
farpa (no dedo)	ʃaẓiyya (f)	شظيّة

suor (m)	'irq (m)	عرق
suar (vi)	'ariq	عرق
vómito (m)	taqayyu' (m)	تقيّؤ
convulsões (f pl)	taʃannuʒāt (pl)	تشنّجات

grávida	ḥāmil	حامل
nascer (vi)	wulid	وُلد
parto (m)	wilāda (f)	ولادة
dar à luz	walad	ولد
aborto (m)	iʒhāḍ (m)	إجهاض

respiração (f)	tanaffus (m)	تنفّس
inspiração (f)	istinʃāq (m)	إستنشاق
expiração (f)	zafīr (m)	زفير
expirar (vi)	zafar	زفر
inspirar (vi)	istanʃaq	إستنشق
inválido (m)	mu'āq (m)	معاق
aleijado (m)	muq'ad (m)	مقعد

toxicodependente (m)	mudmin muχaddirāt (m)	مدمن مخدّرات
surdo	aṭraʃ	أطرش
mudo	aχras	أخرس
surdo-mudo	aṭraʃ aχras	أطرش أخرس

louco (adj.)	maʒnūn	مجنون
louco (m)	maʒnūn (m)	مجنون
louca (f)	maʒnūna (f)	مجنونة
ficar louco	ʒunn	جنّ

gene (m)	ʒīn (m)	جين
imunidade (f)	manāʿa (f)	مناعة
hereditário	wirāθiy	وراثيّ
congénito	χilqiy munð al wilāda	خلقيّ منذ الولادة

vírus (m)	virūs (m)	فيروس
micróbio (m)	mikrūb (m)	ميكروب
bactéria (f)	ʒurθūma (f)	جرثومة
infeção (f)	ʿadwa (f)	عدوى

71. Sintomas. Tratamentos. Parte 3

| hospital (m) | mustaʃfa (m) | مستشفى |
| paciente (m) | marīḍ (m) | مريض |

diagnóstico (m)	taʃχīṣ (m)	تشخيص
cura (f)	ʿilāʒ (m)	علاج
tratamento (m) médico	ʿilāʒ (m)	علاج
curar-se (vr)	taʿālaʒ	تعالج
tratar (vt)	ʿālaʒ	عالج
cuidar (pessoa)	marraḍ	مرّض
cuidados (m pl)	ʿināya (f)	عناية

operação (f)	ʿamaliyya ʒaraḥiyya (f)	عمليّة جرحيّة
enfaixar (vt)	ḍammad	ضمّد
enfaixamento (m)	taḍmīd (m)	تضميد

vacinação (f)	talqīḥ (m)	تلقيح
vacinar (vt)	laqqaḥ	لقّح
injeção (f)	ḥuqna (f)	حقنة
dar uma injeção	ḥaqan ibra	حقن إبرة

ataque (~ de asma, etc.)	nawba (f)	نوبة
amputação (f)	batr (m)	بتر
amputar (vt)	batar	بتر
coma (f)	ɣaybūba (f)	غيبوبة
estar em coma	kān fi ḥālat ɣaybūba	كان في حالة غيبوبة
reanimação (f)	al ʿināya al murakkaza (f)	العناية المركّزة

recuperar-se (vr)	ʃufiy	شفي
estado (~ de saúde)	ḥāla (f)	حالة
consciência (f)	waʿy (m)	وعي
memória (f)	ðākira (f)	ذاكرة
tirar (vt)	χalaʿ	خلع

| chumbo (m), obturação (f) | ḥaʃw (m) | حشو |
| chumbar, obturar (vt) | ḥaʃa | حشا |

| hipnose (f) | at tanwīm al maɣnaṭīsiy (m) | التنويم المغناطيسيّ |
| hipnotizar (vt) | nawwam | نوّم |

72. Médicos

médico (m)	ṭabīb (m)	طبيب
enfermeira (f)	mumarriḍa (f)	ممرّضة
médico (m) pessoal	duktūr ʃaxṣiy (m)	دكتور شخصيّ

dentista (m)	ṭabīb al asnān (m)	طبيب الأسنان
oculista (m)	ṭabīb al 'uyūn (m)	طبيب العيون
terapeuta (m)	ṭabīb bāṭiniy (m)	طبيب باطنيّ
cirurgião (m)	ʒarrāḥ (m)	جرّاح

psiquiatra (m)	ṭabīb nafsiy (m)	طبيب نفسيّ
pediatra (m)	ṭabīb al aṭfāl (m)	طبيب الأطفال
psicólogo (m)	sikulūʒiy (m)	سيكولوجيّ
ginecologista (m)	ṭabīb an nisā' (m)	طبيب النساء
cardiologista (m)	ṭabīb al qalb (m)	طبيب القلب

73. Medicina. Drogas. Acessórios

medicamento (m)	dawā' (m)	دواء
remédio (m)	'ilāʒ (m)	علاج
receitar (vt)	waṣaf	وصف
receita (f)	waṣfa (f)	وصفة

comprimido (m)	qurṣ (m)	قرص
pomada (f)	marham (m)	مرهم
ampola (f)	ambūla (f)	أمبولة
preparado (m)	dawā' ʃarāb (m)	دواء شراب
xarope (m)	ʃarāb (m)	شراب
cápsula (f)	ḥabba (f)	حبّة
remédio (m) em pó	ðarūr (m)	ذرور

ligadura (f)	ḍammāda (f)	ضمادة
algodão (m)	quṭn (m)	قطن
iodo (m)	yūd (m)	يود

penso (m) rápido	blāstir (m)	بلاستر
conta-gotas (m)	māṣṣat al bastara (f)	ماصّة البسترة
termómetro (m)	tirmūmitr (m)	ترمومتر
seringa (f)	miḥqana (f)	محقنة

| cadeira (f) de rodas | kursiy mutaḥarrik (m) | كرسي متحرّك |
| muletas (f pl) | 'ukkāzān (du) | عكّازان |

| analgésico (m) | musakkin (m) | مسكّن |
| laxante (m) | mulayyin (m) | ملّين |

álcool (m) etílico	iθanūl (m)	إيثانول
ervas (f pl) medicinais	a'ʃāb ṭibbiyya (pl)	أعشاب طبية
de ervas (chá ~)	'uʃbiy	عشبي

74. Fumar. Produtos tabágicos

tabaco (m)	tabɣ (m)	تبغ
cigarro (m)	sīʒāra (f)	سيجارة
charuto (m)	sīʒār (m)	سيجار
cachimbo (m)	ɣalyūn (m)	غليون
maço (~ de cigarros)	'ulba (f)	علبة

fósforos (m pl)	kibrīt (m)	كبريت
caixa (f) de fósforos	'ulbat kibrīt (f)	علبة كبريت
isqueiro (m)	wallā'a (f)	ولّاعة
cinzeiro (m)	ṭaqṭūqa (f)	طقطوقة
cigarreira (f)	'ulbat saʒā'ir (f)	علبة سجائر

| boquilha (f) | ḥamilat siʒāra (f) | حاملة سيجارة |
| filtro (m) | filtir (m) | فلتر |

fumar (vi, vt)	daxxan	دخّن
acender um cigarro	aʃʕal siʒāra	أشعل سيجارة
tabagismo (m)	tadxīn (m)	تدخين
fumador (m)	mudaxxin (m)	مدخّن

beata (f)	'uqb siʒāra (m)	عقب سيجارة
fumo (m)	duxān (m)	دخان
cinza (f)	ramād (m)	رماد

HABITAT HUMANO

Cidade

75. Cidade. Vida na cidade

cidade (f)	madīna (f)	مدينة
capital (f)	ʿāṣima (f)	عاصمة
aldeia (f)	qarya (f)	قرية
mapa (m) da cidade	xarīṭat al madīna (f)	خريطة المدينة
centro (m) da cidade	markaz al madīna (m)	مركز المدينة
subúrbio (m)	ḍāḥiya (f)	ضاحية
suburbano	aḍ ḍawāḥi	الضواحي
periferia (f)	aṭrāf al madīna (pl)	أطراف المدينة
arredores (m pl)	ḍawāḥi al madīna (pl)	ضواحي المدينة
quarteirão (m)	ḥayy (m)	حي
quarteirão (m) residencial	ḥayy sakaniy (m)	حي سكني
tráfego (m)	ḥarakat al murūr (f)	حركة المرور
semáforo (m)	iʃārāt al murūr (pl)	إشارات المرور
transporte (m) público	wasāʾil an naql (pl)	وسائل النقل
cruzamento (m)	taqāṭuʿ (m)	تقاطع
passadeira (f)	maʿbar al muʃāt (m)	معبر المشاة
passagem (f) subterrânea	nafaq muʃāt (m)	نفق مشاة
cruzar, atravessar (vt)	ʿabar	عبر
peão (m)	māʃi (m)	ماش
passeio (m)	raṣīf (m)	رصيف
ponte (f)	ʒisr (m)	جسر
margem (f) do rio	kurnīʃ (m)	كورنيش
fonte (f)	nāfūra (f)	نافورة
alameda (f)	mamʃa (m)	ممشى
parque (m)	ḥadīqa (f)	حديقة
bulevar (m)	bulvār (m)	بولفار
praça (f)	maydān (m)	ميدان
avenida (f)	ʃāriʿ (m)	شارع
rua (f)	ʃāriʿ (m)	شارع
travessa (f)	zuqāq (m)	زقاق
beco (m) sem saída	ṭarīq masdūd (m)	طريق مسدود
casa (f)	bayt (m)	بيت
edifício, prédio (m)	mabna (m)	مبنى
arranha-céus (m)	nāṭiḥat saḥāb (f)	ناطحة سحاب
fachada (f)	wāʒiha (f)	واجهة
telhado (m)	saqf (m)	سقف

janela (f)	ʃubbāk (m)	شُبّاك
arco (m)	qaws (m)	قوس
coluna (f)	'amūd (m)	عمود
esquina (f)	zāwiya (f)	زاوية

montra (f)	vatrīna (f)	فترينة
letreiro (m)	lāfita (f)	لافتة
cartaz (m)	mulṣaq (m)	ملصق
cartaz (m) publicitário	mulṣaq i'lāniy (m)	ملصق إعلاني
painel (m) publicitário	lawḥat i'lānāt (f)	لوحة إعلانات

lixo (m)	zubāla (f)	زبالة
cesta (f) do lixo	ṣundūq zubāla (m)	صندوق زبالة
jogar lixo na rua	rama zubāla	رمى زبالة
aterro (m) sanitário	mazbala (f)	مزبلة

cabine (f) telefónica	kuʃk tilifūn (m)	كشك تليفون
candeeiro (m) de rua	'amūd al miṣbāḥ (m)	عمود المصباح
banco (m)	dikka (f), kursiy (m)	دكّة، كرسي

polícia (m)	ʃurṭiy (m)	شرطيّ
polícia (instituição)	ʃurṭa (f)	شرطة
mendigo (m)	ʃaḥḥāð (m)	شحّاذ
sem-abrigo (m)	mutaʃarrid (m)	متشرّد

76. Instituições urbanas

loja (f)	maḥall (m)	محلّ
farmácia (f)	ṣaydaliyya (f)	صيدليّة
ótica (f)	al adawāt al baṣariyya (pl)	الأدوات البصريّة
centro (m) comercial	markaz tiʒāriy (m)	مركز تجاري
supermercado (m)	subirmarkit (m)	سوبرماركت

padaria (f)	maxbaz (m)	مخبز
padeiro (m)	xabbāz (m)	خبّاز
pastelaria (f)	dukkān ḥalawāniy (m)	دكّان حلواني
mercearia (f)	baqqāla (f)	بقّالة
talho (m)	malḥama (f)	ملحمة

| loja (f) de legumes | dukkān xuḍār (m) | دكّان خضار |
| mercado (m) | sūq (f) | سوق |

café (m)	kafé (m), maqha (m)	كافيه، مقهى
restaurante (m)	maṭ'am (m)	مطعم
bar (m), cervejaria (f)	ḥāna (f)	حانة
pizzaria (f)	maṭ'am pizza (m)	مطعم بيتزا

salão (m) de cabeleireiro	ṣālūn ḥilāqa (m)	صالون حلاقة
correios (m pl)	maktab al barīd (m)	مكتب البريد
lavandaria (f)	tanẓīf ʒāff (m)	تنظيف جافّ
estúdio (m) fotográfico	istūdiyu taṣwīr (m)	إستوديو تصوير

| sapataria (f) | maḥall aḥðiya (m) | محلّ أحذية |
| livraria (f) | maḥall kutub (m) | محلّ كتب |

loja (f) de artigos de desporto	mahall riyāḍiy (m)	محلّ رياضيّ
reparação (f) de roupa	mahall xiyāṭat malābis (m)	محلّ خياطة ملابس
aluguer (m) de roupa	mahall ta'ȝīr malābis rasmiyya (m)	محلّ تأجير ملابس رسمية
aluguer (m) de filmes	mahal ta'ȝīr vidiyu (m)	محلّ تأجير فيديو

circo (m)	sirk (m)	سيرك
jardim (m) zoológico	hadīqat al hayawān (f)	حديقة حيوان
cinema (m)	sinima (f)	سينما
museu (m)	mathaf (m)	متحف
biblioteca (f)	maktaba (f)	مكتبة

teatro (m)	masrah (m)	مسرح
ópera (f)	ubra (f)	أوبرا
clube (m) noturno	malha layliy (m)	ملهى ليليّ
casino (m)	kazinu (m)	كازينو

mesquita (f)	masȝid (m)	مسجد
sinagoga (f)	kanīs ma'bad yahūdiy (m)	كنيس معبد يهوديّ
catedral (f)	katidrā'iyya (f)	كاتدرائيّة
templo (m)	ma'bad (m)	معبد
igreja (f)	kanīsa (f)	كنيسة

instituto (m)	kulliyya (m)	كليّة
universidade (f)	ȝāmi'a (f)	جامعة
escola (f)	madrasa (f)	مدرسة

prefeitura (f)	muqāṭa'a (f)	مقاطعة
câmara (f) municipal	baladiyya (f)	بلديّة
hotel (m)	funduq (m)	فندق
banco (m)	bank (m)	بنك

embaixada (f)	safāra (f)	سفارة
agência (f) de viagens	ʃarikat siyāḥa (f)	شركة سياحة
agência (f) de informações	maktab al isti'lāmāt (m)	مكتب الإستعلامات
casa (f) de câmbio	ṣarrāfa (f)	صرّافة

metro (m)	mitru (m)	مترو
hospital (m)	mustaʃfa (m)	مستشفى

posto (m) de gasolina	mahaṭṭat banzīn (f)	محطّة بنزين
parque (m) de estacionamento	mawqif as sayyārāt (m)	موقف السيّارات

77. Transportes urbanos

autocarro (m)	bāṣ (m)	باص
elétrico (m)	trām (m)	ترام
troleicarro (m)	truli bāṣ (m)	ترولي باص
itinerário (m)	xaṭṭ (m)	خطّ
número (m)	raqm (m)	رقم

ir de ... (carro, etc.)	rakib ...	ركب...
entrar (~ no autocarro)	rakib	ركب
descer de ...	nazil min	نزل من

paragem (f)	mawqif (m)	موقف
próxima paragem (f)	al maḥaṭṭa al qādima (f)	المحطّة القادمة
ponto (m) final	āχir maḥaṭṭa (f)	آخر محطّة
horário (m)	ʒadwal (m)	جدول
esperar (vt)	intazar	إنتظر

bilhete (m)	taðkira (f)	تذكرة
custo (m) do bilhete	uʒra (f)	أجرة

bilheteiro (m)	ṣarrāf (m)	صرّاف
controlo (m) dos bilhetes	taftīʃ taðkira (m)	تفتيش تذكرة
revisor (m)	mufattiʃ taðākir (m)	مفتّش تذاكر

atrasar-se (vr)	ta'aχχar	تأخّر
perder (o autocarro, etc.)	ta'aχχar	تأخّر
estar com pressa	ista'ʒal	إستعجل

táxi (m)	taksi (m)	تاكسي
taxista (m)	sā'iq taksi (m)	سائق تاكسي
de táxi (ir ~)	bit taksi	بالتاكسي
praça (f) de táxis	mawqif taksi (m)	موقف تاكسي
chamar um táxi	kallam tāksi	كلّم تاكسي
apanhar um táxi	aχað taksi	أخذ تاكسي

tráfego (m)	ḥarakat al murūr (f)	حركة المرور
engarrafamento (m)	zaḥmat al murūr (f)	زحمة المرور
horas (f pl) de ponta	sā'at að ðurwa (f)	ساعة الذروة
estacionar (vi)	awqaf	أوقف
estacionar (vt)	awqaf	أوقف
parque (m) de estacionamento	mawqif as sayyārāt (m)	موقف السيارات

metro (m)	mitru (m)	مترو
estação (f)	maḥaṭṭa (f)	محطّة
ir de metro	rakib al mitru	ركب المترو
comboio (m)	qiṭār (m)	قطار
estação (f)	maḥaṭṭat qiṭār (f)	محطّة قطار

78. Turismo

monumento (m)	timθāl (m)	تمثال
fortaleza (f)	qal'a (f), ḥiṣn (m)	قلعة، حصن
palácio (m)	qaṣr (m)	قصر
castelo (m)	qal'a (f)	قلعة
torre (f)	burʒ (m)	برج
mausoléu (m)	ḍarīḥ (m)	ضريح

arquitetura (f)	handasa mi'māriyya (f)	هندسة معماريّة
medieval	min al qurūn al wusṭa	من القرون الوسطى
antigo	qadīm	قديم
nacional	waṭaniy	وطنيّ
conhecido	maʃhūr	مشهور

turista (m)	sā'iḥ (m)	سائح
guia (pessoa)	murʃid (m)	مرشد

excursão (f)	ʒawla (f)	جولة
mostrar (vt)	ʿaraḍ	عرض
contar (vt)	ḥaddaθ	حدث

encontrar (vt)	waʒad	وجد
perder-se (vr)	ḍāʿ	ضاع
mapa (~ do metrô)	xarīṭa (f)	خريطة
mapa (~ da cidade)	xarīṭa (f)	خريطة

lembrança (f), presente (m)	tiðkār (m)	تذكار
loja (f) de presentes	maḥall hadāya (m)	محلّ هدايا
fotografar (vt)	ṣawwar	صوّر
fotografar-se	taṣawwar	تصوّر

79. Compras

comprar (vt)	iʃtara	إشترى
compra (f)	ʃay’ (m)	شيء
fazer compras	iʃtara	إشترى
compras (f pl)	ʃubinɣ (m)	شوبينغ

estar aberta (loja, etc.)	maftūḥ	مفتوح
estar fechada	muɣlaq	مغلق

calçado (m)	aḥðiya (pl)	أحذية
roupa (f)	malābis (pl)	ملابس
cosméticos (m pl)	mawādd at taʒmīl (pl)	موادّ التجميل
alimentos (m pl)	ma’kūlāt (pl)	مأكولات
presente (m)	hadiyya (f)	هديّة

vendedor (m)	bā’i‘ (m)	بائع
vendedora (f)	bā’i‘a (f)	بائعة

caixa (f)	ṣundū’ ad daf‘ (m)	صندوق الدفع
espelho (m)	mir’āt (f)	مرآة
balcão (m)	minḍada (f)	منضدة
cabine (f) de provas	ɣurfat al qiyās (f)	غرفة القياس

provar (vt)	ʒarrab	جرّب
servir (vi)	nāsab	ناسب
gostar (apreciar)	a‘ʒab	أعجب

preço (m)	si‘r (m)	سعر
etiqueta (f) de preço	tikit as si‘r (m)	تيكت السعر
custar (vt)	kallaf	كلّف
Quanto?	bikam?	بكم؟
desconto (m)	xaṣm (m)	خصم

não caro	ɣayr ɣāli	غير غال
barato	raxīṣ	رخيص
caro	ɣāli	غال
É caro	haða ɣāli	هذا غال
aluguer (m)	isti’ʒār (m)	إستئجار
alugar (vestidos, etc.)	ista’ʒar	إستأجر

| crédito (m) | i'timān (m) | إئتمان |
| a crédito | bid dayn | بالدين |

80. Dinheiro

dinheiro (m)	nuqūd (pl)	نقود
câmbio (m)	taḥwīl 'umla (m)	تحويل عملة
taxa (f) de câmbio	si'r aṣ ṣarf (m)	سعر الصرف
Caixa Multibanco (m)	ṣarrāf 'āliy (m)	صرّاف آلي
moeda (f)	qiṭ'a naqdiyya (f)	قطعة نقدية

| dólar (m) | dulār (m) | دولار |
| euro (m) | yuru (m) | يورو |

lira (f)	lira iṭāliyya (f)	ليرة إيطالية
marco (m)	mark almāniy (m)	مارك ألماني
franco (m)	frank (m)	فرنك
libra (f) esterlina	ʒunayh istirlīniy (m)	جنيه استرليني
iene (m)	yīn (m)	ين

dívida (f)	dayn (m)	دين
devedor (m)	mudīn (m)	مدين
emprestar (vt)	sallaf	سلّف
pedir emprestado	istalaf	إستلف

banco (m)	bank (m)	بنك
conta (f)	ḥisāb (m)	حساب
depositar (vt)	awda'	أودع
depositar na conta	awda' fil ḥisāb	أودع في الحساب
levantar (vt)	saḥab min al ḥisāb	سحب من الحساب

cartão (m) de crédito	biṭāqat i'timān (f)	بطاقة إئتمان
dinheiro (m) vivo	nuqūd (pl)	نقود
cheque (m)	ʃīk (m)	شيك
passar um cheque	katab ʃīk	كتب شيكًا
livro (m) de cheques	daftar ʃīkāt (m)	دفتر شيكات

carteira (f)	maḥfaẓat ʒīb (f)	محفظة جيب
porta-moedas (m)	maḥfaẓat fakka (f)	محفظة فكّة
cofre (m)	xizāna (f)	خزانة

herdeiro (m)	wāris (m)	وارث
herança (f)	wirāθa (f)	وراثة
fortuna (riqueza)	θarwa (f)	ثروة

arrendamento (m)	'īʒār (m)	إيجار
renda (f) de casa	uʒrat as sakan (f)	أجرة السكن
alugar (vt)	ista'ʒar	إستأجر

preço (m)	si'r (m)	سعر
custo (m)	θaman (m)	ثمن
soma (f)	mablaɣ (m)	مبلغ
gastar (vt)	ṣaraf	صرف
gastos (m pl)	maṣārīf (pl)	مصاريف

| economizar (vi) | waffar | وفَر |
| economico | muwaffir | موفَر |

pagar (vt)	dafa'	دفع
pagamento (m)	daf' (m)	دفع
troco (m)	al bāqi (m)	الباقي

imposto (m)	ḍarība (f)	ضريبة
multa (f)	ɣarāma (f)	غرامة
multar (vt)	faraḍ ɣarāma	فرض غرامة

81. Correios. Serviço postal

correios (m pl)	maktab al barīd (m)	مكتب البريد
correio (m)	al barīd (m)	البريد
carteiro (m)	sā'i al barīd (m)	ساعي البريد
horário (m)	awqāt al 'amal (pl)	أوقات العمل

carta (f)	risāla (f)	رسالة
carta (f) registada	risāla musaʒʒala (f)	رسالة مسجَلة
postal (m)	biṭāqa barīdiyya (f)	بطاقة بريدية
telegrama (m)	barqiyya (f)	برقيّة
encomenda (f) postal	ṭard (m)	طرد
remessa (f) de dinheiro	ḥawāla māliyya (f)	حوالة ماليَة

receber (vt)	istalam	إستلم
enviar (vt)	arsal	أرسل
envio (m)	irsāl (m)	إرسال

endereço (m)	'unwān (m)	عنوان
código (m) postal	raqm al barīd (m)	رقم البريد
remetente (m)	mursil (m)	مرسل
destinatário (m)	mursal ilayh (m)	مرسل إليه

| nome (m) | ism (m) | إسم |
| apelido (m) | ism al 'ā'ila (m) | إسم العائلة |

tarifa (f)	ta'rīfa (f)	تعريفة
ordinário	'ādiy	عاديّ
económico	muwaffir	موفَر

peso (m)	wazn (m)	وزن
pesar (estabelecer o peso)	wazan	وزن
envelope (m)	ẓarf (m)	ظرف
selo (m)	ṭābi' (m)	طابع
colar o selo	alṣaq ṭābi'	ألصق طابعا

Moradia. Casa. Lar

82. Casa. Habitação

casa (f)	bayt (m)	بيت
em casa	fil bayt	في البيت
pátio (m)	finā' (m)	فناء
cerca (f)	sūr (m)	سور

tijolo (m)	ṭūb (m)	طوب
de tijolos	min aṭ ṭūb	من الطوب
pedra (f)	haʒar (m)	حجر
de pedra	haʒariy	حجري
betão (m)	χarasāna (f)	خرسانة
de betão	χarasāniy	خرساني

novo	ʒadīd	جديد
velho	qadīm	قديم
decrépito	'āyil lis suqūṭ	آيل للسقوط
moderno	mu'āṣir	معاصر
de muitos andares	muta'addid aṭ ṭawābiq	متعدّد الطوابق
alto	'āli	عال

andar (m)	ṭābiq (m)	طابق
de um andar	ðu ṭābiq wāhid	ذو طابق واحد

andar (m) de baixo	ṭābiq sufliy (m)	طابق سفلي
andar (m) de cima	ṭābiq 'ulwiy (m)	طابق علوي

telhado (m)	saqf (m)	سقف
chaminé (f)	madχana (f)	مدخنة

telha (f)	qirmīd (m)	قرميد
de telha	min al qirmīd	من القرميد
sótão (m)	'ullayya (f)	علّبة

janela (f)	ʃubbāk (m)	شبّاك
vidro (m)	zuʒāʒ (m)	زجاج

parapeito (m)	raff ʃubbāk (f)	رف شبّاك
portadas (f pl)	darf ʃubbāk (m)	درف شبّاك

parede (f)	hā'iṭ (m)	حائط
varanda (f)	ʃurfa (f)	شرفة
tubo (m) de queda	masūrat at taṣrīf (f)	ماسورة التصريف

em cima	fawq	فوق
subir (~ as escadas)	ṣa'ad	صعد
descer (vi)	nazil	نزل
mudar-se (vr)	intaqal	إنتقل

83. Casa. Entrada. Elevador

entrada (f)	madχal (m)	مدخل
escada (f)	sullam (m)	سلّم
degraus (m pl)	daraʒāt (pl)	درجات
corrimão (m)	drabizīn (m)	درابزين
hall (m) de entrada	ṣāla (f)	صالة
caixa (f) de correio	ṣundūq al barīd (m)	صندوق البريد
caixote (m) do lixo	ṣundūq az zubāla (m)	صندوق الزبالة
conduta (f) do lixo	manfað að ðubāla (m)	منفذ الزبالة
elevador (m)	miṣʻad (m)	مصعد
elevador (m) de carga	miṣʻad aʃ ʃaḥn (m)	مصعد الشحن
cabine (f)	kabīna (f)	كابينة
pegar o elevador	rakib al miṣʻad	ركب المصعد
apartamento (m)	ʃaqqa (f)	شقّة
moradores (m pl)	sukkān al ʻimāra (pl)	سكّان العمارة
vizinho (m)	ʒār (m)	جار
vizinha (f)	ʒāra (f)	جارة
vizinhos (pl)	ʒirān (pl)	جيران

84. Casa. Portas. Fechaduras

porta (f)	bāb (m)	باب
portão (m)	bawwāba (f)	بوّابة
maçaneta (f)	qabḍat al bāb (f)	قبضة الباب
destrancar (vt)	fataḥ	فتح
abrir (vt)	fataḥ	فتح
fechar (vt)	aγlaq	أغلق
chave (f)	miftāḥ (m)	مفتاح
molho (m)	rabṭa (f)	ربطة
ranger (vi)	ṣarr	صرّ
rangido (m)	ṣarīr (m)	صرير
dobradiça (f)	mufaṣṣala (f)	مفصّلة
tapete (m) de entrada	siʒāda (f)	سجادة
fechadura (f)	qifl al bāb (m)	قفل الباب
buraco (m) da fechadura	θaqb al bāb (m)	ثقب الباب
ferrolho (m)	tirbās (m)	ترباس
fecho (ferrolho pequeno)	mizlāʒ (m)	مزلاج
cadeado (m)	qifl (m)	قفل
tocar (vt)	rann	رنّ
toque (m)	ranīn (m)	رنين
campainha (f)	ʒaras (m)	جرس
botão (m)	zirr (m)	زرّ
batida (f)	ṭarq, daqq (m)	طرق، دقّ
bater (vi)	daqq	دقّ
código (m)	kūd (m)	كود
fechadura (f) de código	kūd (m)	كود

telefone (m) de porta	ʒaras al bāb (m)	جرس الباب
número (m)	raqm (m)	رقم
placa (f) de porta	lawḥa (f)	لوحة
vigia (f), olho (m) mágico	al ʿayn as siḥriyya (m)	العين السحرية

85. Casa de campo

aldeia (f)	qarya (f)	قرية
horta (f)	bustān xuḍār (m)	بستان خضار

cerca (f)	sūr (m)	سور
paliçada (f)	sūr (m)	سور
cancela (f) do jardim	bawwāba farʿiyya (f)	بوّابة فرعيّة

celeiro (m)	ʃawna (f)	شونة
adega (f)	sirdāb (m)	سرداب
galpão, barracão (m)	saqīfa (f)	سقيفة
poço (m)	biʾr (m)	بئر

fogão (m)	furn (m)	فرن
atiçar o fogo	awqad	أوقد

lenha (carvão ou ~)	ḥaṭab (m)	حطب
acha (lenha)	qiṭʿat ḥaṭab (f)	قطعة حطب

varanda (f)	virānda (f)	فيراندة
alpendre (m)	ʃurfa (f)	شرفة
degraus (m pl) de entrada	sullam (m)	سلّم
balouço (m)	urʒūḥa (f)	أرجوحة

86. Castelo. Palácio

castelo (m)	qalʿa (f)	قلعة
palácio (m)	qaṣr (m)	قصر
fortaleza (f)	qalʿa (f), ḥiṣn (m)	قلعة, حصن

muralha (f)	sūr (m)	سور
torre (f)	burʒ (m)	برج
calabouço (m)	burʒ raʾīsiy (m)	برج رئيسيّ

grade (f) levadiça	bāb mutaḥarrik (m)	باب متحرّك
passagem (f) subterrânea	sirdāb (m)	سرداب
fosso (m)	xandaq māʾiy (m)	خندق مائيّ

corrente, cadeia (f)	silsila (f)	سلسلة
seteira (f)	mazɣal (m)	مزغل

magnífico	rāʾiʿ	رائع
majestoso	muhīb	مهيب

inexpugnável	manīʿ	منيع
medieval	min al qurūn al wusṭa	من القرون الوسطى

87. Apartamento

apartamento (m)	ʃaqqa (f)	شقّة
quarto (m)	ɣurfa (f)	غرفة
quarto (m) de dormir	ɣurfat an nawm (f)	غرفة النوم
sala (f) de jantar	ɣurfat il akl (f)	غرفة الأكل
sala (f) de estar	ṣālat al istiqbāl (f)	صالة الإستقبال
escritório (m)	maktab (m)	مكتب

antessala (f)	madχal (m)	مدخل
quarto (m) de banho	ḥammām (m)	حمّام
toilette (lavabo)	ḥammām (m)	حمّام

teto (m)	saqf (m)	سقف
chão, soalho (m)	arḍ (f)	أرض
canto (m)	zāwiya (f)	زاوية

88. Apartamento. Limpeza

arrumar, limpar (vt)	nazzaf	نظّف
guardar (no armário, etc.)	ʃāl	شال
pó (m)	ɣubār (m)	غبار
empoeirado	muɣabbar	مغبّر
limpar o pó	masaḥ al ɣubār	مسح الغبار
aspirador (m)	miknasa kahrabā'iyya (f)	مكنسة كهربائيّة
aspirar (vt)	nazzaf bi miknasa kahrabā'iyya	نظّف بمكنسة كهربائيّة

varrer (vt)	kanas	كنس
sujeira (f)	qumāma (f)	قمامة
arrumação (f), ordem (f)	niẓām (m)	نظام
desordem (f)	'adam an niẓām (m)	عدم النظام

esfregão (m)	mimsaḥa ṭawīla (f)	ممسحة طويلة
pano (m), trapo (m)	mimsaḥa (f)	ممسحة
vassoura (f)	miqaʃʃa (f)	مقشّة
pá (f) de lixo	ʒārūf (m)	جاروف

89. Mobiliário. Interior

mobiliário (m)	aθāθ (m)	أثاث
mesa (f)	maktab (m)	مكتب
cadeira (f)	kursiy (m)	كرسيّ
cama (f)	sarīr (m)	سرير
divã (m)	kanaba (f)	كنبة
cadeirão (m)	kursiy (m)	كرسيّ

estante (f)	χizānat kutub (f)	خزانة كتب
prateleira (f)	raff (m)	رفّ
guarda-vestidos (m)	dūlāb (m)	دولاب
cabide (m) de parede	ʃammāʿa (f)	شمّاعة

cabide (m) de pé	ʃammāʿa (f)	شمّاعة
cómoda (f)	dulāb adrāʒ (m)	دولاب أدراج
mesinha (f) de centro	ṭāwilat al qahwa (f)	طاولة القهوة

espelho (m)	mir'āt (f)	مرآة
tapete (m)	siʒāda (f)	سجادة
tapete (m) pequeno	siʒāda (f)	سجادة

lareira (f)	midfa'a ḥā'iṭiyya (f)	مدفأة حائطيّة
vela (f)	ʃamʿa (f)	شمعة
castiçal (m)	ʃamʿadān (m)	شمعدان

cortinas (f pl)	satā'ir (pl)	ستائر
papel (m) de parede	waraq ḥīṭān (m)	ورق حيطان
estores (f pl)	haṣīrat ʃubbāk (f)	حصيرة شبّاك

candeeiro (m) de mesa	miṣbāḥ aṭ ṭāwila (m)	مصباح الطاولة
candeeiro (m) de parede	miṣbāḥ al ḥā'iṭ (f)	مصباح الحائط
candeeiro (m) de pé	miṣbāḥ arḍiy (m)	مصباح أرضيّ
lustre (m)	naʒafa (f)	نجفة

pé (de mesa, etc.)	riʒl (f)	رجل
braço (m)	masnad (m)	مسند
costas (f pl)	masnad (m)	مسند
gaveta (f)	durʒ (m)	درج

90. Quarto de dormir

roupa (f) de cama	bayāḍāt as sarīr (pl)	بياضات السرير
almofada (f)	wisāda (f)	وسادة
fronha (f)	kīs al wisāda (m)	كيس الوسادة
cobertor (m)	baṭṭāniyya (f)	بطّانيّة
lençol (m)	milāya (f)	ملاية
colcha (f)	ɣiṭā' as sarīr (m)	غطاء السرير

91. Cozinha

cozinha (f)	maṭbaχ (m)	مطبخ
gás (m)	ɣāz (m)	غاز
fogão (m) a gás	butuɣāz (m)	بوتوغاز
fogão (m) elétrico	furn kaharabā'iy (m)	فرن كهربائيّ
forno (m)	furn (m)	فرن
forno (m) de micro-ondas	furn al mikruwayv (m)	فرن الميكروويف

frigorífico (m)	θallāʒa (f)	ثلاجة
congelador (m)	frīzir (m)	فريزر
máquina (f) de lavar louça	ɣassāla (f)	غسّالة

moedor (m) de carne	farrāmat laḥm (f)	فرّامة لحم
espremedor (m)	ʿaṣṣāra (f)	عصّارة
torradeira (f)	maḥmaṣat χubz (f)	محمصة خبز
batedeira (f)	χallāṭ (m)	خلّاط

máquina (f) de café	mākinat ṣanʿ al qahwa (f)	ماكينة صنع القهوة
cafeteira (f)	kanaka (f)	كنكة
moinho (m) de café	maṭhanat qahwa (f)	مطحنة قهوة
chaleira (f)	barrād (m)	برّاد
bule (m)	barrād aʃ ʃāy (m)	برّاد الشاي
tampa (f)	ɣiṭāʾ (m)	غطاء
coador (m) de chá	miṣfāt (f)	مصفاة
colher (f)	milʿaqa (f)	ملعقة
colher (f) de chá	milʿaqat ʃāy (f)	ملعقة شاي
colher (f) de sopa	milʿaqa kabīra (f)	ملعقة كبيرة
garfo (m)	ʃawka (f)	شوكة
faca (f)	sikkīn (m)	سكّين
louça (f)	ṣuhūn (pl)	صحون
prato (m)	ṭabaq (m)	طبق
pires (m)	ṭabaq finʒān (m)	طبق فنجان
cálice (m)	kaʾs (f)	كأس
copo (m)	kubbāya (f)	كبّاية
chávena (f)	finʒān (m)	فنجان
açucareiro (m)	sukkariyya (f)	سكّريّة
saleiro (m)	mamlaha (f)	مملحة
pimenteiro (m)	mabhara (f)	مبهرة
manteigueira (f)	ṣuhn zubda (m)	صحن زبدة
panela, caçarola (f)	kassirūlla (f)	كاسرولة
frigideira (f)	ṭāsa (f)	طاسة
concha (f)	miɣrafa (f)	مغرفة
passador (m)	miṣfāt (f)	مصفاة
bandeja (f)	ṣīniyya (f)	صينيّة
garrafa (f)	zuʒāʒa (f)	زجاجة
boião (m) de vidro	barṭamān (m)	برطمان
lata (f)	tanaka (f)	تنكة
abre-garrafas (m)	fattāḥa (f)	فتّاحة
abre-latas (m)	fattāḥa (f)	فتّاحة
saca-rolhas (m)	barrīma (f)	برّيمة
filtro (m)	filtir (m)	فلتر
filtrar (vt)	ṣaffa	صفّى
lixo (m)	zubāla (f)	زبالة
balde (m) do lixo	ṣundūq az zubāla (m)	صندوق الزبالة

92. Casa de banho

quarto (m) de banho	ḥammām (m)	حمّام
água (f)	māʾ (m)	ماء
torneira (f)	ḥanafiyya (f)	حنفيّة
água (f) quente	māʾ sāχin (m)	ماء ساخن
água (f) fria	māʾ bārid (m)	ماء بارد

pasta (f) de dentes	ma'ʒūn asnān (m)	معجون أسنان
escovar os dentes	naẓẓaf al asnān	نظف الأسنان
escova (f) de dentes	furʃat asnān (f)	فرشة أسنان

barbear-se (vr)	ḥalaq	حلق
espuma (f) de barbear	raɣwa lil ḥilāqa (f)	رغوة للحلاقة
máquina (f) de barbear	mūs ḥilāqa (m)	موس حلاقة

lavar (vt)	ɣasal	غسل
lavar-se (vr)	istaḥamm	إستحمّ
duche (m)	dūʃ (m)	دوش
tomar um duche	aχað ad duʃ	أخذ الدش

banheira (f)	ḥawḍ istiḥmām (m)	حوض استحمام
sanita (f)	mirḥāḍ (m)	مرحاض
lavatório (m)	ḥawḍ (m)	حوض

| sabonete (m) | ṣābūn (m) | صابون |
| saboneteira (f) | ṣabbāna (f) | صبّانة |

esponja (f)	līfa (f)	ليفة
champô (m)	ʃāmbū (m)	شامبو
toalha (f)	fūṭa (f)	فوطة
roupão (m) de banho	θawb ḥammām (m)	ثوب حمّام

lavagem (f)	ɣasīl (m)	غسيل
máquina (f) de lavar	ɣassāla (f)	غسّالة
lavar a roupa	ɣasal al malābis	غسل الملابس
detergente (m)	mashūq ɣasīl (m)	مسحوق غسيل

93. Eletrodomésticos

televisor (m)	tilivizyūn (m)	تليفزيون
gravador (m)	ʒihāz tasʒīl (m)	جهاز تسجيل
videogravador (m)	ʒihāz tasʒīl vidiyu (m)	جهاز تسجيل فيديو
rádio (m)	ʒihāz radiyu (m)	جهاز راديو
leitor (m)	blayir (m)	بليير

projetor (m)	'āriḍ vidiyu (m)	عارض فيديو
cinema (m) em casa	sinima manziliyya (f)	سينما منزلية
leitor (m) de DVD	di vi di (m)	دي في دي
amplificador (m)	mukabbir aṣ ṣawt (m)	مكبّر الصوت
console (f) de jogos	'atāri (m)	أتاري

câmara (f) de vídeo	kamira vidiyu (f)	كاميرا فيديو
máquina (f) fotográfica	kamira (f)	كاميرا
câmara (f) digital	kamira diʒital (f)	كاميرا ديجيتال

aspirador (m)	miknasa kahrabā'iyya (f)	مكنسة كهربائية
ferro (m) de engomar	makwāt (f)	مكواة
tábua (f) de engomar	lawḥat kayy (f)	لوحة كيّ

| telefone (m) | hātif (m) | هاتف |
| telemóvel (m) | hātif maḥmūl (m) | هاتف محمول |

máquina (f) de escrever	'āla katiba (f)	آلة كاتبة
máquina (f) de costura	'ālat al xiyāṭa (f)	آلة الخياطة
microfone (m)	mikrufūn (m)	ميكروفون
auscultadores (m pl)	sammā'āt ra'siya (pl)	سمّاعات رأسيّة
controlo remoto (m)	rimuwt kuntrūl (m)	ريموت كنترول
CD (m)	si di (m)	سي دي
cassete (f)	ʃarīṭ (m)	شريط
disco (m) de vinil	usṭuwāna (f)	أسطوانة

94. Reparações. Renovação

renovação (f)	taʒdīdāt (m)	تجديدات
renovar (vt), fazer obras	ʒaddad	جدّد
reparar (vt)	aṣlaḥ	أصلح
consertar (vt)	naẓẓam	نظّم
refazer (vt)	a'ād	أعاد
tinta (f)	dihān (m)	دهان
pintar (vt)	dahan	دهن
pintor (m)	dahhān (m)	دهّان
pincel (m)	furʃat lit talwīn (f)	فرشة للتلوين
cal (f)	maḥlūl mubayyiḍ (m)	محلول مبيّض
caiar (vt)	bayyaḍ	بيَض
papel (m) de parede	waraq ḥī'ṭān (m)	ورق حيطان
colocar papel de parede	laṣaq waraq al ḥīṭān	لصق ورق الحيطان
verniz (m)	warnīʃ (m)	ورنيش
envernizar (vt)	ṭala bil warnīʃ	طلى بالورنيش

95. Canalizações

água (f)	mā' (m)	ماء
água (f) quente	mā' sāxin (m)	ماء ساخن
água (f) fria	mā' bārid (m)	ماء بارد
torneira (f)	ḥanafiyya (f)	حنفيّة
gota (f)	qaṭara (f)	قطرة
gotejar (vi)	qaṭar	قطر
vazar (vt)	sarab	سرب
vazamento (m)	tasarrub (m)	تسرّب
poça (f)	birka (f)	بركة
tubo (m)	māsūra (f)	ماسورة
válvula (f)	ṣimām (m)	صمام
entupir-se (vr)	kān masdūdan	كان مسدودًا
ferramentas (f pl)	adawāt (pl)	أدوات
chave (f) inglesa	miftāḥ inʒlīziy (m)	مفتاح إنجليزيَ
desenroscar (vt)	fataḥ	فتح

enroscar (vt)	ahkam aʃ ʃadd	أحكم الشدّ
desentupir (vt)	sallak	سلك
canalizador (m)	sabbāk (m)	سبّاك
cave (f)	sirdāb (m)	سرداب
sistema (m) de esgotos	ʃabakit il maʒāry (f)	شبكة مياه المجاري

96. Fogo. Deflagração

incêndio (m)	harīq (m)	حريق
chama (f)	ʃu'la (f)	شعلة
faísca (f)	ʃarāra (f)	شرارة
fumo (m)	duχān (m)	دخان
tocha (f)	ʃu'la (f)	شعلة
fogueira (f)	nār muχayyam (m)	نار مخيّم

gasolina (f)	banzīn (m)	بنزين
querosene (m)	kirusīn (m)	كيروسين
inflamável	qābil lil ihtirāq	قابل للإحتراق
explosivo	mutafaʒʒir	متفجّر
PROIBIDO FUMAR!	mamnū' at tadχīn	ممنوع التدخين

segurança (f)	amn (m)	أمن
perigo (m)	χatar (m)	خطر
perigoso	χatīr	خطير

incendiar-se (vr)	iʃta'al	إشتعل
explosão (f)	infiʒār (m)	إنفجار
incendiar (vt)	aʃ'al an nār	أشعل النار
incendiário (m)	muʃ'il harīq (m)	مشعل حريق
incêndio (m) criminoso	ihrāq (m)	إحراق

arder (vi)	talahhab	تلهّب
queimar (vi)	ihtaraq	إحترق
queimar tudo (vi)	ihtaraq	إحترق

chamar os bombeiros	istad'a qism al harīq	إستدعى قسم الحريق
bombeiro (m)	raʒul itfā' (m)	رجل إطفاء
carro (m) de bombeiros	sayyārat itfā' (f)	سيّارة إطفاء
corpo (m) de bombeiros	qism itfā' (m)	قسم إطفاء
escada (f) extensível	sullam itfā' (m)	سلّم إطفاء

mangueira (f)	χartūm al mā' (m)	خرطوم الماء
extintor (m)	mitfa'at harīq (f)	مطفأة حريق
capacete (m)	χūða (f)	خوذة
sirene (f)	saffārat inðār (f)	صفّارة إنذار

gritar (vi)	saraχ	صرخ
chamar por socorro	istaɣāθ	إستغاث
salvador (m)	munqið (m)	منقذ
salvar, resgatar (vt)	anqað	أنقذ

chegar (vi)	waṣal	وصل
apagar (vt)	atfa'	أطفأ
água (f)	mā' (m)	ماء

areia (f)	raml (m)	رمل
ruínas (f pl)	hiṭām (pl)	حطام
ruir (vi)	inhār	إنهار
desmoronar (vi)	inhār	إنهار
desabar (vi)	inhār	إنهار
fragmento (m)	hiṭma (f)	حطمة
cinza (f)	ramād (m)	رماد
sufocar (vi)	iχtanaq	إختنق
perecer (vi)	halak	هلك

ATIVIDADES HUMANAS

Emprego. Negócios. Parte 1

97. Banca

banco (m)	bank (m)	بنك
sucursal, balcão (f)	far' (m)	فرع
consultor (m)	muwazzaf bank (m)	موظّف بنك
gerente (m)	mudīr (m)	مدير
conta (f)	ḥisāb (m)	حساب
número (m) da conta	raqm al ḥisāb (m)	رقم الحساب
conta (f) corrente	ḥisāb ȝāri (m)	حساب جار
conta (f) poupança	ḥisāb tawfīr (m)	حساب توفير
abrir uma conta	fataḥ ḥisāb	فتح حسابا
fechar uma conta	aɣlaq ḥisāb	أغلق حسابا
depositar na conta	awda' fil ḥisāb	أودع في الحساب
levantar (vt)	saḥab min al ḥisāb	سحب من الحساب
depósito (m)	wadī'a (f)	وديعة
fazer um depósito	awda'	أودع
transferência (f) bancária	ḥawāla (f)	حوالة
transferir (vt)	ḥawwal	حوّل
soma (f)	mablaɣ (m)	مبلغ
Quanto?	kam?	كم؟
assinatura (f)	tawqī' (m)	توقيع
assinar (vt)	waqqa'	وقّع
cartão (m) de crédito	biṭāqat i'timān (f)	بطاقة ائتمان
código (m)	kūd (m)	كود
número (m)	raqm biṭāqat i'timān (m)	رقم بطاقة إئتمان
do cartão de crédito		
Caixa Multibanco (m)	ṣarrāf 'āliy (m)	صرّاف آليّ
cheque (m)	ʃīk (m)	شيك
passar um cheque	katab ʃīk	كتب شيكًا
livro (m) de cheques	daftar ʃīkāt (m)	دفتر شيكات
empréstimo (m)	qarḍ (m)	قرض
pedir um empréstimo	qaddam ṭalab lil ḥuṣūl	قدّم طلبا للحصول على قرض
	'ala qarḍ	
obter um empréstimo	ḥaṣal 'ala qarḍ	حصل على قرض
conceder um empréstimo	qaddam qarḍ	قدّم قرضا
garantia (f)	ḍamān (m)	ضمان

98. Telefone. Conversação telefónica

telefone (m)	hātif (m)	هاتف
telemóvel (m)	hātif maḥmūl (m)	هاتف محمول
secretária (f) electrónica	muӡīb al hātif (m)	مجيب الهاتف
fazer uma chamada	ittaṣal	إتّصل
chamada (f)	mukālama tilifuniyya (f)	مكالمة تليفونية
marcar um número	ittaṣal bi raqm	إتّصل برقم
Alô!	alu!	ألو!
perguntar (vt)	sa'al	سأل
responder (vt)	radd	ردّ
ouvir (vt)	samiʿ	سمع
bem	ӡayyidan	جيّداً
mal	sayyi'an	سيّئاً
ruído (m)	taʃwīʃ (m)	تشويش
auscultador (m)	sammāʿa (f)	سمّاعة
pegar o telefone	rafaʿ as sammāʿa	رفع السمّاعة
desligar (vi)	qafal as sammāʿa	قفل السمّاعة
ocupado	maʃɣūl	مشغول
tocar (vi)	rann	رنّ
lista (f) telefónica	dalīl at tilifūn (m)	دليل التليفون
local	maḥalliyya	ة محلّيّة
chamada (f) local	mukālama hātifiyya maḥalliyya (f)	مكالمة هاتفيّة محلّيّة
de longa distância	baʿīd al mada	بعيد المدى
chamada (f) de longa distância	mukālama baʿīdat al mada (f)	مكالمة بعيدة المدى
internacional	duwaliy	دوليّ
chamada (f) internacional	mukālama duwaliyya (f)	مكالمة دوليّة

99. Telefone móvel

telemóvel (m)	hātif maḥmūl (m)	هاتف محمول
ecrã (m)	ӡihāz ʿarḍ (m)	جهاز عرض
botão (m)	zirr (m)	زرّ
cartão SIM (m)	sim kart (m)	سيم كارت
bateria (f)	baṭṭāriyya (f)	بطّاريّة
descarregar-se	xalaṣat	خلصت
carregador (m)	ʃāḥin (m)	شاحن
menu (m)	qā'ima (f)	قائمة
definições (f pl)	awḍāʿ (pl)	أوضاع
melodia (f)	naɣma (f)	نغمة
escolher (vt)	ixtār	إختار
calculadora (f)	'āla ḥāsiba (f)	آلة حاسبة
correio (m) de voz	barīd ṣawtiy (m)	بريد صوتيّ

| despertador (m) | munabbih (m) | مُنبّه |
| contatos (m pl) | ӡihāt al ittiṣāl (pl) | جهات الإتصال |

| mensagem (f) de texto | risāla qaṣīra ɛsɛmɛs (f) | sms رسالة قصيرة |
| assinante (m) | muʃtarik (m) | مشترك |

100. Estacionário

| caneta (f) | qalam ӡāf (m) | قلم جاف |
| caneta (f) tinteiro | qalam rīʃa (m) | قلم ريشة |

lápis (m)	qalam ruṣāṣ (m)	قلم رصاص
marcador (m)	markir (m)	ماركر
caneta (f) de feltro	qalam xaṭṭāṭ (m)	قلم خطاط

| bloco (m) de notas | muðakkira (f) | مذكّرة |
| agenda (f) | ӡadwal al aʿmāl (m) | جدول الأعمال |

régua (f)	masṭara (f)	مسطرة
calculadora (f)	ʾāla ḥāsiba (f)	آلة حاسبة
borracha (f)	astīka (f)	استيكة
pionés (m)	dabbūs (m)	دبّوس
clipe (m)	dabbūs waraq (m)	دبّوس ورق

cola (f)	ṣamɣ (m)	صمغ
agrafador (m)	dabbāsa (f)	دبّاسة
furador (m)	xarrāma (m)	خرّامة
afia-lápis (m)	mibrāt (f)	مبراة

Emprego. Negócios. Parte 2

101. Media

jornal (m)	ʒarīda (f)	جريدة
revista (f)	maʒalla (f)	مجلّة
imprensa (f)	ṣiḥāfa (f)	صحافة
rádio (m)	iðāʿa (f)	إذاعة
estação (f) de rádio	maḥaṭṭat iðāʿa (f)	محطّة إذاعة
televisão (f)	tilivizyūn (m)	تليفزيون

apresentador (m)	muʾaddim (m)	مقدّم
locutor (m)	muðīʿ (m)	مذيع
comentador (m)	muʿalliq (m)	معلّق

jornalista (m)	ṣuḥufiy (m)	صحفيّ
correspondente (m)	murāsil (m)	مراسل
repórter (m) fotográfico	muṣawwir ṣuḥufiy (m)	مصوّر صحفيّ
repórter (m)	ṣuḥufiy (m)	صحفيّ

redator (m)	muḥarrir (m)	محرّر
redator-chefe (m)	raʾīs taḥrīr (m)	رئيس تحرير

assinar a ...	iʃtarak	إشترك
assinatura (f)	iʃtirāk (m)	إشتراك
assinante (m)	muʃtarik (m)	مشترك
ler (vt)	qaraʾ	قرأ
leitor (m)	qāriʾ (m)	قارئ

tiragem (f)	tadāwul (m)	تداول
mensal	ʃahriy	شهريّ
semanal	usbūʿiy	أسبوعيّ
número (jornal, revista)	ʿadad (m)	عدد
recente	ʒadīd	جديد

manchete (f)	ʿunwān (m)	عنوان
pequeno artigo (m)	maqāla qaṣīra (f)	مقالة قصيرة
coluna (~ semanal)	ʿamūd (m)	عمود
artigo (m)	maqāla (f)	مقالة
página (f)	ṣafḥa (f)	صفحة

reportagem (f)	taqrīr (m)	تقرير
evento (m)	ḥadaθ (m)	حدث
sensação (f)	daʒʒa (f)	ضجّة
escândalo (m)	faḍīḥa (f)	فضيحة
escandaloso	fāḍiḥ	فاضح
grande	ʃahīr	شهير

programa (m) de TV	barnāmaʒ (m)	برنامج
entrevista (f)	muqābala (f)	مقابلة

| transmissão (f) em direto | iðāʿa mubāʃira (f) | إذاعة مباشرة |
| canal (m) | qanāt (f) | قناة |

102. Agricultura

agricultura (f)	zirāʿa (f)	زراعة
camponês (m)	fallāḥ (m)	فلّاح
camponesa (f)	fallāḥa (f)	فلّاحة
agricultor (m)	muzāriʿ (m)	مزارع

| trator (m) | ʒarrār (m) | جرّار |
| ceifeira-debulhadora (f) | ḥaṣṣāda (f) | حصّادة |

arado (m)	miḥrāθ (m)	محراث
arar (vt)	ḥaraθ	حرث
campo (m) lavrado	ḥaql maḥrūθ (m)	حقل محروث
rego (m)	talam (m)	تلم

semear (vt)	baðar	بذر
semeadora (f)	baððāra (f)	بذّارة
semeadura (f)	zarʿ (m)	زرع

| gadanha (f) | miḥaʃʃ (m) | محشّ |
| gadanhar (vt) | ḥaʃʃ | حشّ |

| pá (f) | karīk (m) | مجرفة |
| cavar (vt) | ḥafar | حفر |

enxada (f)	miʿzaqa (f)	معزقة
carpir (vt)	istaʾṣal nabātāt	إستأصل نباتات
erva (f) daninha	ḥaʃīʃa (m)	حشيشة

regador (m)	miraʃʃa al miyāh (f)	مرشّة المياه
regar (vt)	saqa	سقى
rega (f)	saqy (m)	سقي

| forquilha (f) | maðrāt (f) | مذراة |
| ancinho (m) | midamma (f) | مدمّة |

fertilizante (m)	samād (m)	سماد
fertilizar (vt)	sammad	سمّد
estrume (m)	zibd (m)	زبل

campo (m)	ḥaql (m)	حقل
prado (m)	marʒ (m)	مرج
horta (f)	bustān xuḍār (m)	بستان خضار
pomar (m)	bustān (m)	بستان

pastar (vt)	raʿa	رعى
pastor (m)	rāʿi (m)	راع
pastagem (f)	marʿa (m)	مرعى

| pecuária (f) | tarbiyat al mawāʃi (f) | تربية المواشي |
| criação (f) de ovelhas | tarbiyat aɣnām (f) | تربية أغنام |

plantação (f)	mazraʿa (f)	مزرعة
canteiro (m)	hawd (m)	حوض
invernadouro (m)	daffiʾa (f)	دفيئة
seca (f)	ʒafāf (m)	جفاف
seco (verão ~)	ʒāff	جافّ
cereal (m)	hubūb (pl)	حبوب
cereais (m pl)	mahāṣīl al hubūb (pl)	محاصيل الحبوب
colher (vt)	haṣad	حصد
moleiro (m)	tahhān (m)	طمّان
moinho (m)	tāhūna (f)	طاحونة
moer (vt)	tahan al hubūb	طحن الحبوب
farinha (f)	daqīq (m)	دقيق
palha (f)	qaʃʃ (m)	قشّ

103. Construção. Processo de construção

canteiro (m) de obras	ard binā' (f)	أرض بناء
construir (vt)	bana	بنى
construtor (m)	ʿāmil binā' (m)	عامل بناء
projeto (m)	maʃrūʿ (m)	مشروع
arquiteto (m)	muhandis miʿmāriy (m)	مهندس معماريّ
operário (m)	ʿāmil (m)	عامل
fundação (f)	asās (m)	أساس
telhado (m)	saqf (m)	سقف
estaca (f)	watad al asās (f)	وتد الأساس
parede (f)	hā'iṭ (m)	حائط
varões (m pl) para betão	hadīd taslīh (m)	حديد تسليح
andaime (m)	saqāla (f)	سقالة
betão (m)	xarasāna (f)	خرسانة
granito (m)	granīt (m)	جرانيت
pedra (f)	haʒar (m)	حجر
tijolo (m)	ṭūb (m)	طوب
areia (f)	raml (m)	رمل
cimento (m)	ismant (m)	إسمنت
emboço (m)	qiṣāra (m)	قصارة
emboçar (vt)	ṭala bil ʒiṣṣ	طلى بالجصّ
tinta (f)	dihān (m)	دهان
pintar (vt)	dahhan	دهّن
barril (m)	barmīl (m)	برميل
grua (f), guindaste (m)	rāfiʿa (f)	رافعة
erguer (vt)	rafaʿ	رفع
baixar (vt)	anzal	أنزل
buldózer (m)	ʒarrāfa (f)	جرّافة
escavadora (f)	haffāra (f)	حفّارة

caçamba (f)	dalw (m)	دلو
escavar (vt)	ḥafar	حفر
capacete (m) de proteção	χūða (f)	خوذة

Profissões e ocupações

104. Procura de emprego. Demissão

trabalho (m)	'amal (m)	عمل
equipa (f)	kawādir (pl)	كوادر
pessoal (m)	ṭāqim al 'āmilīn (m)	طاقم العاملين
carreira (f)	masār mihniy (m)	مسار مهنيّ
perspetivas (f pl)	'āfāq (pl)	آفاق
mestria (f)	mahārāt (pl)	مهارات
seleção (f)	iχtiyār (m)	إختبار
agência (f) de emprego	wikālat tawẓīf (f)	وكالة توظيف
CV, currículo (m)	sīra ðātiyya (f)	سيرة ذاتيَة
entrevista (f) de emprego	mu'ābalat 'amal (f)	مقابلة عمل
vaga (f)	waẓīfa χāliya (f)	وظيفة خالية
salário (m)	murattab (m)	مرتَب
salário (m) fixo	rātib θābit (m)	راتب ثابت
pagamento (m)	uʒra (f)	أجرة
posto (m)	manṣib (m)	منصب
dever (do empregado)	wāʒib (m)	واجب
gama (f) de deveres	maʒmū'a min al wāʒibāt (f)	مجموعة من الواجبات
ocupado	maʃɣūl	مشغول
despedir, demitir (vt)	aqāl	أقال
demissão (f)	iqāla (m)	إقالة
desemprego (m)	biṭāla (f)	بطالة
desempregado (m)	'āṭil (m)	عاطل
reforma (f)	ma'āʃ (m)	معاش
reformar-se	uḥīl 'alal ma'āʃ	أحيل على المعاش

105. Gente de negócios

diretor (m)	muðīr (m)	مدير
gerente (m)	muðīr (m)	مدير
patrão, chefe (m)	muðīr (m), ra'īs (m)	مدير, رئيس
superior (m)	ra'īs (m)	رئيس
superiores (m pl)	ru'asā' (pl)	رؤساء
presidente (m)	ra'īs (m)	رئيس
presidente (m) de direção	ra'īs (m)	رئيس
substituto (m)	nā'ib (m)	نائب
assistente (m)	musā'id (m)	مساعد

secretário (m)	sikirtīr (m)	سكرتير
secretário (m) pessoal	sikritīr χāṣṣ (m)	سكرتير خاصّ
homem (m) de negócios	raʒul a'māl (m)	رجل أعمال
empresário (m)	rā'id a'māl (m)	رائد أعمال
fundador (m)	mu'assis (m)	مؤسّس
fundar (vt)	assas	أسّس
fundador, sócio (m)	mu'assis (m)	مؤسّس
parceiro, sócio (m)	ʃarīk (m)	شريك
acionista (m)	musāhim (m)	مساهم
milionário (m)	milyunīr (m)	مليونير
bilionário (m)	milyardīr (m)	ملياردير
proprietário (m)	ṣāḥib (m)	صاحب
proprietário (m) de terras	ṣāḥib al arḍ (m)	صاحب الأرض
cliente (m)	'amīl (m)	عميل
cliente (m) habitual	'amīl dā'im (m)	عميل دائم
comprador (m)	muʃtari (m)	مشتر
visitante (m)	zā'ir (m)	زائر
profissional (m)	muḥtarif (m)	محترف
perito (m)	χabīr (m)	خبير
especialista (m)	mutaχaṣṣiṣ (m)	متخصّص
banqueiro (m)	ṣāḥib maṣraf (m)	صاحب مصرف
corretor (m)	simsār (m)	سمسار
caixa (m, f)	ṣarrāf (m)	صرّاف
contabilista (m)	muḥāsib (m)	محاسب
guarda (m)	ḥāris amn (m)	حارس أمن
investidor (m)	mustaθmir (m)	مستثمر
devedor (m)	muḍīn (m)	مدين
credor (m)	dā'in (m)	دائن
mutuário (m)	muqtariḍ (m)	مقترض
importador (m)	mustawrid (m)	مستورد
exportador (m)	muṣaddir (m)	مصدّر
produtor (m)	aʃ ʃarika al muṣni'a (f)	الشركة المصنعة
distribuidor (m)	muwazzi' (m)	موزّع
intermediário (m)	wasīṭ (m)	وسيط
consultor (m)	mustaʃār (m)	مستشار
representante (m)	mandūb mabi'āt (m)	مندوب مبيعات
agente (m)	wakīl (m)	وكيل
agente (m) de seguros	wakīl at ta'mīn (m)	وكيل التأمين

106. Profissões de serviços

cozinheiro (m)	ṭabbāχ (m)	طبّاخ
cozinheiro chefe (m)	ʃāf (m)	شاف

padeiro (m)	χabbāz (m)	خبّاز
barman (m)	bārman (m)	بارمان
empregado (m) de mesa	nādil (m)	نادل
empregada (f) de mesa	nādila (f)	نادلة

advogado (m)	muḥāmi (m)	محام
jurista (m)	muḥāmi (m)	محام
notário (m)	muwaθθaq (m)	موثّق

eletricista (m)	kahrabā'iy (m)	كهربائيّ
canalizador (m)	sabbāk (m)	سبّاك
carpinteiro (m)	naʒʒār (m)	نجّار

massagista (m)	mudallik (m)	مدلك
massagista (f)	mudallika (f)	مدلكة
médico (m)	ṭabīb (m)	طبيب

taxista (m)	sā'iq taksi (m)	سائق تاكسي
condutor (automobilista)	sā'iq (m)	سائق
entregador (m)	sā'i (m)	ساع

camareira (f)	'āmilat tanẓīf ɣuraf (f)	عاملة تنظيف غرف
guarda (m)	ḥāris amn (m)	حارس أمن
hospedeira (f) de bordo	muḍīfat ṭayarān (f)	مضيفة طيران

professor (m)	mudarris madrasa (m)	مدرّس مدرسة
bibliotecário (m)	amīn maktaba (m)	أمين مكتبة
tradutor (m)	mutarʒim (m)	مترجم
intérprete (m)	mutarʒim fawriy (m)	مترجم فوريّ
guia (pessoa)	murʃid (m)	مرشد

cabeleireiro (m)	ḥallāq (m)	حلّاق
carteiro (m)	sā'i al barīd (m)	ساعي البريد
vendedor (m)	bā'i' (m)	بائع

jardineiro (m)	bustāniy (m)	بستانيّ
criado (m)	χādim (m)	خادم
criada (f)	χādima (f)	خادمة
empregada (f) de limpeza	'āmilat tanẓīf (f)	عاملة تنظيف

107. Profissões militares e postos

soldado (m) raso	ʒundiy (m)	جنديّ
sargento (m)	raqīb (m)	رقيب
tenente (m)	mulāzim (m)	ملازم
capitão (m)	naqīb (m)	نقيب

major (m)	rā'id (m)	رائد
coronel (m)	'aqīd (m)	عقيد
general (m)	ʒinirāl (m)	جنرال
marechal (m)	mārʃāl (m)	مارشال
almirante (m)	amirāl (m)	أميرال
militar (m)	'askariy (m)	عسكريّ
soldado (m)	ʒundiy (m)	جنديّ

| oficial (m) | ḍābiṭ (m) | ضابط |
| comandante (m) | qāʾid (m) | قائد |

guarda (m) fronteiriço	ḥāris ḥudūd (m)	حارس حدود
operador (m) de rádio	ʿāmil lāsilkiy (m)	عامل لاسلكيّ
explorador (m)	mustakʃif (m)	مستكشف
sapador (m)	muhandis ʿaskariy (m)	مهندس عسكريّ
atirador (m)	rāmi (m)	رام
navegador (m)	mallāḥ (m)	ملّاح

108. Oficiais. Padres

| rei (m) | malik (m) | ملك |
| rainha (f) | malika (f) | ملكة |

| príncipe (m) | amīr (m) | أمير |
| princesa (f) | amīra (f) | أميرة |

| czar (m) | qayṣar (m) | قيصر |
| czarina (f) | qayṣara (f) | قيصرة |

presidente (m)	raʾīs (m)	رئيس
ministro (m)	wazīr (m)	وزير
primeiro-ministro (m)	raʾīs wuzarāʾ (m)	رئيس وزراء
senador (m)	ʿuḍw maʒlis aʃ ʃuyūχ (m)	عضو مجلس الشيوخ

diplomata (m)	diblumāsiy (m)	دبلوماسيّ
cônsul (m)	qunṣul (m)	قنصل
embaixador (m)	safīr (m)	سفير
conselheiro (m)	mustaʃār (m)	مستشار

funcionário (m)	muwaẓẓaf (m)	موظّف
prefeito (m)	raʾīs idārat al ḥayy (m)	رئيس إدارة الحيّ
Presidente (m) da Câmara	raʾīs al baladiyya (m)	رئيس البلديّة

| juiz (m) | qāḍi (m) | قاض |
| procurador (m) | muddaʿi (m) | مدّعٍ |

missionário (m)	mubaʃʃir (m)	مبشّر
monge (m)	rāhib (m)	راهب
abade (m)	raʾīs ad dayr (m)	رئيس الدير
rabino (m)	ḥāχām (m)	حاخام

vizir (m)	wazīr (m)	وزير
xá (m)	ʃāh (m)	شاه
xeque (m)	ʃɛyχ (m)	شيخ

109. Profissões agrícolas

apicultor (m)	naḥḥāl (m)	نحّال
pastor (m)	rāʿi (m)	راع
agrónomo (m)	muhandis zirāʿiy (m)	مهندس زراعيّ

| criador (m) de gado | murabbi al mawāʃi (m) | مربّي المواشي |
| veterinário (m) | ṭabīb bayṭariy (m) | طبيب بيطري |

agricultor (m)	muzāriʿ (m)	مزارع
vinicultor (m)	ṣāniʿ an nabīð (m)	صانع النبيذ
zoólogo (m)	χabīr fi ʿilm al ḥayawān (m)	خبير في علم الحيوان
cowboy (m)	rāʿi al baqar (m)	راعي البقر

110. Profissões artísticas

| ator (m) | mumaθθil (m) | ممثّل |
| atriz (f) | mumaθθila (f) | ممثّلة |

| cantor (m) | muɣanni (m) | مغنّ |
| cantora (f) | muɣanniya (f) | مغنّية |

| bailarino (m) | rāqiṣ (m) | راقص |
| bailarina (f) | rāqiṣa (f) | راقصة |

| artista (m) | fannān (m) | فنّان |
| artista (f) | fannāna (f) | فنّانة |

músico (m)	ʿāzif (m)	عازف
pianista (m)	ʿāzif biyānu (m)	عازف بيانو
guitarrista (m)	ʿāzif gitār (m)	عازف جيتار

maestro (m)	qāʾid urkistra (m)	قائد أركسترا
compositor (m)	mulaḥḥin (m)	ملحّن
empresário (m)	muḍīr firqa (m)	مدير فرقة

realizador (m)	muχriʒ (m)	مخرج
produtor (m)	muntiʒ (m)	منتج
argumentista (m)	kātib sināriyu (m)	كاتب سيناريو
crítico (m)	nāqid (m)	ناقد

escritor (m)	kātib (m)	كاتب
poeta (m)	ʃāʿir (m)	شاعر
escultor (m)	naḥḥāt (m)	نحّات
pintor (m)	rassām (m)	رسّام

malabarista (m)	bahlawān (m)	بهلوان
palhaço (m)	muharriʒ (m)	مهرّج
acrobata (m)	bahlawān (m)	بهلوان
mágico (m)	sāḥir (m)	ساحر

111. Várias profissões

médico (m)	ṭabīb (m)	طبيب
enfermeira (f)	mumarriḍa (f)	ممرّضة
psiquiatra (m)	ṭabīb nafsiy (m)	طبيب نفسيّ
estomatologista (m)	ṭabīb al asnān (m)	طبيب الأسنان
cirurgião (m)	ʒarrāḥ (m)	جرّاح

astronauta (m)	rā'id faḍā' (m)	رائد فضاء
astrónomo (m)	'ālim falak (m)	عالم فلك
piloto (m)	ṭayyār (m)	طيّار

motorista (m)	sā'iq (m)	سائق
maquinista (m)	sā'iq (m)	سائق
mecânico (m)	mikanīkiy (m)	ميكانيكيّ

mineiro (m)	'āmil manʒam (m)	عامل منجم
operário (m)	'āmil (m)	عامل
serralheiro (m)	qaffāl (m)	قفّال
marceneiro (m)	naʒʒār (m)	نجّار
torneiro (m)	χarrāṭ (m)	خرّاط
construtor (m)	'āmil binā' (m)	عامل بناء
soldador (m)	laḥḥām (m)	لحّام

professor (m) catedrático	brufissūr (m)	بروفيسور
arquiteto (m)	muhandis mi'māriy (m)	مهندس معماريّ
historiador (m)	mu'arriχ (m)	مؤرّخ
cientista (m)	'ālim (m)	عالم
físico (m)	fizyā'iy (m)	فيزيائيّ
químico (m)	kimyā'iy (m)	كيميائيّ

arqueólogo (m)	'ālim 'āθār (m)	عالم آثار
geólogo (m)	ʒiulūʒiy (m)	جيولوجيّ
pesquisador (cientista)	bāḥiθ (m)	باحث

| babysitter (f) | murabbiyat aṭfāl (f) | مربّية الأطفال |
| professor (m) | mu'allim (m) | معلّم |

redator (m)	muḥarrir (m)	محرّر
redator-chefe (m)	ra'īs taḥrīr (m)	رئيس تحرير
correspondente (m)	murāsil (m)	مراسل
datilógrafa (f)	kātiba 'alal 'āla al kātiba (f)	كاتبة على الآلة الكاتبة

designer (m)	muṣammim (m)	مصمّم
especialista (m) em informática	mutaχaṣṣiṣ bil kumbyūtir (m)	متخصّص بالكمبيوتر
programador (m)	mubarmiʒ (m)	مبرمج
engenheiro (m)	muhandis (m)	مهندس

marujo (m)	baḥḥār (m)	بحّار
marinheiro (m)	baḥḥār (m)	بحّار
salvador (m)	munqið (m)	منقذ

bombeiro (m)	raʒul iṭfā' (m)	رجل إطفاء
polícia (m)	ʃurṭiy (m)	شرطيّ
guarda-noturno (m)	ḥāris (m)	حارس
detetive (m)	muḥaqqiq (m)	محقق

funcionário (m) da alfândega	muwaẓẓaf al ʒamārik (m)	موظّف الجمارك
guarda-costas (m)	ḥāris ʃaχsiy (m)	حارس شخصيّ
guarda (m) prisional	ḥāris siʒn (m)	حارس سجن
inspetor (m)	mufattiʃ (m)	مفتّش
desportista (m)	riyāḍiy (m)	رياضيّ
treinador (m)	mudarrib (m)	مدرّب

talhante (m)	ȝazzār (m)	جزّار
sapateiro (m)	iskāfiy (m)	إسكافيّ
comerciante (m)	tāȝir (m)	تاجر
carregador (m)	ḥammāl (m)	حمّال

estilista (m)	muṣammim azyā' (m)	مصمّم أزياء
modelo (f)	mudīl (f)	موديل

112. Ocupações. Estatuto social

aluno, escolar (m)	tilmīð (m)	تلميذ
estudante (~ universitária)	ṭālib (m)	طالب

filósofo (m)	faylasūf (m)	فيلسوف
economista (m)	iqtiṣādiy (m)	إقتصاديّ
inventor (m)	muxtari' (m)	مخترع

desempregado (m)	'āṭil (m)	عاطل
reformado (m)	mutaqā'id (m)	متقاعد
espião (m)	ȝāsūs (m)	جاسوس

preso (m)	saȝīn (m)	سجين
grevista (m)	muḍrib (m)	مضرب
burocrata (m)	buruqrāṭiy (m)	بيوروقراطيّ
viajante (m)	raḥḥāla (m)	رحّالة

homossexual (m)	miθliy ȝinsiyyan (m)	مثليّ جنسيّا
hacker (m)	hākir (m)	هاكر
hippie	hippi (m)	هيبيّ

bandido (m)	qāṭi' ṭarīq (m)	قاطع طريق
assassino (m) a soldo	qātil ma'ȝūr (m)	قاتل مأجور
toxicodependente (m)	mudmin muxaddirāt (m)	مدمن مخدّرات
traficante (m)	tāȝir muxaddirāt (m)	تاجر مخدّرات
prostituta (f)	'āhira (f)	عاهرة
chulo (m)	qawwād (m)	قوّاد

bruxo (m)	sāḥir (m)	ساحر
bruxa (f)	sāḥira (f)	ساحرة
pirata (m)	qurṣān (m)	قرصان
escravo (m)	'abd (m)	عبد
samurai (m)	samurāy (m)	ساموراي
selvagem (m)	mutawaḥḥiʃ (m)	متوحّش

Desportos

113. Tipos de desportos. Desportistas

desportista (m)	riyāḍiy (m)	رياضيّ
tipo (m) de desporto	naw' min ar riyāḍa (m)	نوع من الرياضة
basquetebol (m)	kurat as salla (f)	كرة السلة
jogador (m) de basquetebol	lā'ib kūrat as salla (m)	لاعب كرة السلة
beisebol (m)	kurat al qā'ida (f)	كرة القاعدة
jogador (m) de beisebol	lā'ib kurat al qā'ida (m)	لاعب كرة القاعدة
futebol (m)	kurat al qadam (f)	كرة القدم
futebolista (m)	lā'ib kurat al qadam (m)	لاعب كرة القدم
guarda-redes (m)	ḥāris al marma (m)	حارس المرمى
hóquei (m)	huki (m)	هوكي
jogador (m) de hóquei	lā'ib huki (m)	لاعب هوكي
voleibol (m)	al kura aṭ ṭā'ira (m)	الكرة الطائرة
jogador (m) de voleibol	lā'ib al kura aṭ ṭā'ira (m)	لاعب الكرة الطائرة
boxe (m)	mulākama (f)	ملاكمة
boxeador, pugilista (m)	mulākim (m)	ملاكم
luta (f)	muṣāra'a (f)	مصارعة
lutador (m)	muṣāri' (m)	مصارع
karaté (m)	karatī (m)	كاراتيه
karateca (m)	lā'ib karatī (m)	لاعب كاراتيه
judo (m)	ʒudu (m)	جودو
judoca (m)	lā'ib ʒudu (m)	لاعب جودو
ténis (m)	tinis (m)	تنس
tenista (m)	lā'ib tinnis (m)	لاعب تنس
natação (f)	sibāḥa (f)	سباحة
nadador (m)	sabbāḥ (m)	سبّاح
esgrima (f)	musāyafa (f)	مسايفة
esgrimista (m)	mubāriz (m)	مبارز
xadrez (m)	ʃaṭranʒ (m)	شطرنج
xadrezista (m)	lā'ib ʃaṭranʒ (m)	لاعب شطرنج
alpinismo (m)	tasalluq al ʒibāl (m)	تسلّق الجبال
alpinista (m)	mutasalliq al ʒibāl (m)	متسلّق الجبال
corrida (f)	ʒary (m)	جري

corredor (m)	'addā' (m)	عدّاء
atletismo (m)	al'āb al qiwa (pl)	ألعاب القوى
atleta (m)	lā'ib riyāḍiy (m)	لاعب رياضيّ

| hipismo (m) | riyāḍat al furūsiyya (f) | رياضة الفروسيّة |
| cavaleiro (m) | fāris (m) | فارس |

patinagem (f) artística	tazalluʒ fanniy 'alal ʒalīd (m)	تزلج فنّيّ على الجليد
patinador (m)	mutazalliʒ fanniy (m)	متزلّج فنّيّ
patinadora (f)	mutazalliʒa fanniyya (f)	متزلّجة فنّيّة

| halterofilismo (m) | rafʿ al aθqāl (m) | رفع الأثقال |
| halterofilista (m) | rāfiʿ al aθqāl (m) | رافع الأثقال |

| corrida (f) de carros | sibāq as sayyārāt (m) | سباق السيّارات |
| piloto (m) | sā'iq sibāq (m) | سائق سباق |

| ciclismo (m) | sibāq ad darrāʒāt (m) | سباق الدرّاجات |
| ciclista (m) | lā'ib ad darrāʒāt (m) | لاعب الدرّاجات |

salto (m) em comprimento	al qafz aṭ ṭawīl (m)	القفز الطويل
salto (m) à vara	al qafz biz zāna (m)	القفز بالزانة
atleta (m) de saltos	qāfiz (m)	قافز

114. Tipos de desportos. Diversos

futebol (m) americano	kurat al qadam (f)	كرة القدم
badminton (m)	kurat ar rīʃa (f)	كرة الريشة
biatlo (m)	al biatlūn (m)	البياثلون
bilhar (m)	bilyārdu (m)	بلياردو

bobsled (m)	zallāʒa ʒamaʿiyya (f)	زلّاجة جماعيّة
musculação (f)	kamāl aʒsām (m)	كمال أجسام
polo (m) aquático	kurat al māʾ (m)	كرة الماء
andebol (m)	kurat al yad (f)	كرة اليد
golfe (m)	gūlf (m)	جولف

remo (m)	taʒðīf (m)	تجذيف
mergulho (m)	al ɣawṣ taht al māʾ (m)	الغوص تحت الماء
corrida (f) de esqui	riyāḍat al iski (f)	رياضة الإسكي
ténis (m) de mesa	kurat aṭ ṭāwila (f)	كرة الطاولة

vela (f)	riyāḍa ibḥār al marākib (f)	رياضة إبحار المراكب
rali (m)	sibāq as sayyārāt (m)	سباق السيّارات
râguebi (m)	raɣbi (m)	رغبي
snowboard (m)	tazalluʒ 'laθ θulūʒ (m)	تزلج على الثلوج
tiro (m) com arco	rimāya (f)	رماية

115. Ginásio

| barra (f) | ḥadīda (f) | حديدة |
| halteres (m pl) | dambilz (m) | دمبلز |

aparelho (m) de musculaçao	ʒihāz tadrīb (m)	جهاز تدريب
bicicleta (f) ergométrica	darrāʒat tadrīb (f)	دراجة تدريب
passadeira (f) de corrida	ʒihāz al maʃy (m)	جهاز المشي

barra (f) fixa	ʻuqla (f)	عقلة
barras (f) paralelas	al mutawāzi (m)	المتوازي
cavalo (m)	hisān al maqābiḍ (m)	حصان المقابض
tapete (m) de ginástica	ḥaṣīra (f)	حصيرة

corda (f) de saltar	ḥabl an naṭṭ (m)	حبل النط
aeróbica (f)	at tamrīnāt al hiwā'iyya (pl)	التمرينات الهوائية
ioga (f)	yūga (f)	يوجا

116. Desportos. Diversos

Jogos (m pl) Olímpicos	alʻāb ulumbiyya (pl)	ألعاب أولمبيّة
vencedor (m)	fā'iz (m)	فائز
vencer (vi)	fāz	فاز
vencer, ganhar (vi)	fāz	فاز

líder (m)	zaʻīm (m)	زعيم
liderar (vt)	taqaddam	تقدّم

primeiro lugar (m)	al martaba al ūla (f)	المرتبة الأولى
segundo lugar (m)	al martaba aθ θāniya (f)	المرتبة الثانية
terceiro lugar (m)	al martaba aθ θāliθa (f)	المرتبة الثالثة

medalha (f)	midāliyya (f)	ميداليّة
troféu (m)	ʒā'iza (f)	جائزة
taça (f)	ka's (m)	كأس
prémio (m)	ʒā'iza (f)	جائزة
prémio (m) principal	akbar ʒā'iza (f)	أكبر جائزة

recorde (m)	raqm qiyāsiy (m)	رقم قياسيّ
estabelecer um recorde	fāz bi raqm qiyāsiy	فاز برقم قياسيّ

final (m)	mubarāt nihā'iyya (f)	مباراة نهائيّة
final	nihā'iy	نهائيّ

campeão (m)	baṭal (m)	بطل
campeonato (m)	buṭūla (f)	بطولة

estádio (m)	malʻab (m)	ملعب
bancadas (f pl)	mudarraʒ (m)	مدرّج
fã, adepto (m)	muʃaʒʒiʻ (m)	مشجّع
adversário (m)	ʻaduww (m)	عدوّ

partida (f)	χaṭṭ al bidāya (m)	خط البداية
chegada, meta (f)	χaṭṭ an nihāya (m)	خط النهاية

derrota (f)	hazīma (f)	هزيمة
perder (vt)	χasir	خسر
árbitro (m)	ḥakam (m)	حكم
júri (m)	hay'at al ḥukm (f)	هيئة الحكم

resultado (m)	natīʒa (f)	نتيجة
empate (m)	taʿādul (m)	تعادل
empatar (vi)	taʿādal	تعادل
ponto (m)	nuqta (f)	نقطة
resultado (m) final	natīʒa nihāʾiyya (f)	نتيجة نهائية
tempo, período (m)	ʃawt (m)	شوط
intervalo (m)	istirāḥa ma bayn aʃ ʃawtayn (f)	إستراحة ما بين الشوطين
doping (m)	munaʃʃitāt (pl)	منشّطات
penalizar (vt)	ʿāqab	عاقب
desqualificar (vt)	ḥaram	حرم
aparelho (m)	maʿadd riyāḍiy (f)	معدّ رياضيّ
dardo (m)	rumḥ (m)	رمح
peso (m)	ʒulla (f)	جلّة
bola (f)	kura (f)	كرة
alvo, objetivo (m)	hadaf (m)	هدف
alvo (~ de papel)	hadaf (m)	هدف
atirar, disparar (vi)	atlaq an nār	أطلق النار
preciso (tiro ~)	maḍbūt	مضبوط
treinador (m)	mudarrib (m)	مدرّب
treinar (vt)	darrab	درّب
treinar-se (vr)	tadarrab	تدرّب
treino (m)	tadrīb (m)	تدريب
ginásio (m)	markaz li liyāqa badaniyya (m)	مركز للياقة بدنيّة
exercício (m)	tamrīn (m)	تمرين
aquecimento (m)	tasxīn (m)	تسخين

Educação

117. Escola

escola (f)	madrasa (f)	مدرسة
diretor (m) de escola	mudīr madrasa (m)	مدير مدرسة
aluno (m)	tilmīð (m)	تلميذ
aluna (f)	tilmīða (f)	تلميذة
escolar (m)	tilmīð (m)	تلميذ
escolar (f)	tilmīða (f)	تلميذة
ensinar (vt)	'allam	علّم
aprender (vt)	ta'allam	تعلّم
aprender de cor	ḥafaẓ	حفظ
estudar (vi)	ta'allam	تعلّم
andar na escola	daras	درس
ir à escola	ðahab ilal madrasa	ذهب إلى المدرسة
alfabeto (m)	alifbā' (m)	الفباء
disciplina (f)	mādda (f)	مادّة .
sala (f) de aula	faṣl (m)	فصل
lição (f)	dars (m)	درس
recreio (m)	istirāḥa (f)	إستراحة
toque (m)	ʒaras al madrasa (m)	جرس المدرسة
carteira (f)	taχta lil madrasa (m)	تخته للمدرسة
quadro (m) negro	sabbūra (f)	سبّورة
nota (f)	daraʒa (f)	درجة
boa nota (f)	daraʒa ʒayyida (f)	درجة جيّدة
nota (f) baixa	daraʒa χayr ʒayyida (f)	درجة غير جيّدة
dar uma nota	a'ṭa daraʒa	أعطى درجة
erro (m)	χaṭa' (m)	خطأ
fazer erros	aχṭa'	أخطأ
corrigir (vt)	ṣaḥḥaḥ	صحّح
cábula (f)	waraqat χaʃʃ (f)	ورقة غشّ
dever (m) de casa	wāʒib manziliy (m)	واجب منزليّ
exercício (m)	tamrīn (m)	تمرين
estar presente	ḥaḍar	حضر
estar ausente	χāb	غاب
faltar às aulas	taχayyab 'an al madrasa	تغيّب عن المدرسة
punir (vt)	'āqab	عاقب
punição (f)	'uqūba (f), 'iqāb (m)	عقوبة، عقاب
comportamento (m)	sulūk (m)	سلوك

boletim (m) escolar	at taqrīr al madrasiy (m)	التقرير المدرسيّ
lápis (m)	qalam ruṣāṣ (m)	قلم رصاص
borracha (f)	astīka (f)	استيكة
giz (m)	ṭabāʃīr (m)	طباشير
estojo (m)	maqlama (f)	مقلمة
pasta (f) escolar	ʃanṭat al madrasa (f)	شنطة المدرسة
caneta (f)	qalam (m)	قلم
caderno (m)	daftar (m)	دفتر
manual (m) escolar	kitāb taʿlīm (m)	كتاب تعليم
compasso (m)	barʒal (m)	برجل
traçar (vt)	rasam rasm taqniy	رسم رسمًا تقنيًا
desenho (m) técnico	rasm taqniy (m)	رسم تقنيّ
poesia (f)	qaṣīda (f)	قصيدة
de cor	ʿan ẓahr qalb	عن ظهر قلب
aprender de cor	ḥafaẓ	حفظ
férias (f pl)	ʿuṭla madrasiyya (f)	عطلة مدرسيّة
estar de férias	ʿindahu ʿuṭla	عنده عطلة
passar as férias	qaḍa al ʿuṭla	قضى العطلة
teste (m)	imtiḥān (m)	إمتحان
composição, redação (f)	inʃāʾ (m)	إنشاء
ditado (m)	imlāʾ (m)	إملاء
exame (m)	imtiḥān (m)	إمتحان
fazer exame	marr al imtiḥān	مرَ الإمتحان
experiência (~ química)	taʒriba (f)	تجربة

118. Colégio. Universidade

academia (f)	akadīmiyya (f)	أكاديميّة
universidade (f)	ʒāmiʿa (f)	جامعة
faculdade (f)	kulliyya (f)	كلّيّة
estudante (m)	ṭālib (m)	طالب
estudante (f)	ṭāliba (f)	طالبة
professor (m)	muḥāḍir (m)	محاضر
sala (f) de palestras	mudarraʒ (m)	مدرّج
graduado (m)	mutaxarriʒ (m)	متخرّج
diploma (m)	diblūma (f)	دبلومة
tese (f)	risāla ʿilmiyya (f)	رسالة علميّة
estudo (obra)	dirāsa (f)	دراسة
laboratório (m)	muxtabar (m)	مختبر
palestra (f)	muḥāḍara (f)	محاضرة
colega (m) de curso	zamīl fiṣ ṣaff (m)	زميل في الصفّ
bolsa (f) de estudos	minḥa dirāsiyya (f)	منحة دراسيّة
grau (m) académico	daraʒa ʿilmiyya (f)	درجة علميّة

119. Ciências. Disciplinas

matemática (f)	riyāḍīyyāt (pl)	رياضيّات
álgebra (f)	al ʒabr (m)	الجبر
geometria (f)	handasa (f)	هندسة

astronomia (f)	'ilm al falak (m)	علم الفلك
biologia (f)	'ilm al aḥyā' (m)	علم الأحياء
geografia (f)	ʒuɣrāfiya (f)	جغرافيا
geologia (f)	ʒiulūʒiya (f)	جيولوجيا
história (f)	tarīx (m)	تاريخ

medicina (f)	ṭibb (m)	طبّ
pedagogia (f)	'ilm at tarbiya (f)	علم التربية
direito (m)	qānūn (m)	قانون

física (f)	fizyā' (f)	فيزياء
química (f)	kimyā' (f)	كيمياء
filosofia (f)	falsafa (f)	فلسفة
psicologia (f)	'ilm an nafs (m)	علم النفس

120. Sistema de escrita. Ortografia

gramática (f)	an naḥw waṣ ṣarf (m)	النحو والصرف
vocabulário (m)	mufradāt al luɣa (pl)	مفردات اللغة
fonética (f)	ṣawtīyyāt (pl)	صوتيّات

substantivo (m)	ism (m)	إسم
adjetivo (m)	ṣifa (f)	صفة
verbo (m)	fi'l (m)	فعل
advérbio (m)	ẓarf (m)	ظرف

pronome (m)	ḍamīr (m)	ضمير
interjeição (f)	ḥarf nidā' (m)	حرف نداء
preposição (f)	ḥarf al ʒarr (m)	حرف الجرّ

raiz (f) da palavra	ʒiðr al kalima (m)	جذر الكلمة
terminação (f)	nihāya (f)	نهاية
prefixo (m)	sābiqa (f)	سابقة
sílaba (f)	maqṭa' lafẓiy (m)	مقطع لفظيّ
sufixo (m)	lāḥiqa (f)	لاحقة

| acento (m) | nabra (f) | نبرة |
| apóstrofo (m) | 'alāmat ḥaðf (f) | علامة حذف |

ponto (m)	nuqṭa (f)	نقطة
vírgula (f)	fāṣila (f)	فاصلة
ponto e vírgula (m)	nuqṭa wa fāṣila (f)	نقطة وفاصلة
dois pontos (m pl)	nuqṭatān ra'siyyatān (du)	نقطتان رأسيتان
reticências (f pl)	θalāθ nuqaṭ (pl)	ثلاث نقط

| ponto (m) de interrogação | 'alāmat istifhām (f) | علامة إستفهام |
| ponto (m) de exclamação | 'alāmat ta'aʒʒub (f) | علامة تعجّب |

aspas (f pl)	'alāmāt al iqtibās (pl)	علامات الإقتباس
entre aspas	bayn 'alāmatay al iqtibās	بين علامتي الإقتباس
parênteses (m pl)	qawsān (du)	قوسان
entre parênteses	bayn al qawsayn	بين القوسين
hífen (m)	'alāmat waṣl (f)	علامة وصل
travessão (m)	ʃurṭa (f)	شرطة
espaço (m)	farāɣ (m)	فراغ
letra (f)	ḥarf (m)	حرف
letra (f) maiúscula	ḥarf kabīr (m)	حرف كبير
vogal (f)	ḥarf ṣawtiy (m)	حرف صوتيّ
consoante (f)	ḥarf sākin (m)	حرف ساكن
frase (f)	ʒumla (f)	جملة
sujeito (m)	fā'il (m)	فاعل
predicado (m)	musnad (m)	مسند
linha (f)	saṭr (m)	سطر
em uma nova linha	min bidāyat as saṭr	من بداية السطر
parágrafo (m)	fiqra (f)	فقرة
palavra (f)	kalima (f)	كلمة
grupo (m) de palavras	maʒmū'a min al kalimāt (pl)	مجموعة من الكلمات
expressão (f)	'ibāra (f)	عبارة
sinónimo (m)	murādif (m)	مرادف
antónimo (m)	mutaḍādd luɣawiy (m)	متضادّ
regra (f)	qā'ida (f)	قاعدة
exceção (f)	istiθnā' (m)	إستثناء
correto	ṣaḥīḥ	صحيح
conjugação (f)	ṣarf (m)	صرف
declinação (f)	taṣrīf al asmā' (m)	تصريف الأسماء
caso (m)	ḥāla ismiyya (f)	حالة إسميّة
pergunta (f)	su'āl (m)	سؤال
sublinhar (vt)	waḍa' ҳaṭṭ taḥt	وضع خطًّا تحت
linha (f) pontilhada	ҳaṭṭ munaqqaṭ (m)	خط منقّط

121. Línguas estrangeiras

língua (f)	luɣa (f)	لغة
estrangeiro	aʒnabiy	أجنبيّ
língua (f) estrangeira	luɣa aʒnabiyya (f)	لغة أجنبيّة
estudar (vt)	daras	درس
aprender (vt)	ta'allam	تعلّم
ler (vt)	qara'	قرأ
falar (vi)	takallam	تكلّم
compreender (vt)	fahim	فهم
escrever (vt)	katab	كتب
rapidamente	bi sur'a	بسرعة
devagar	bi buṭ'	ببطء

fluentemente	bi ṭalāqa	بطلاقة
regras (f pl)	qawā'id (pl)	قواعد
gramática (f)	an naḥw waṣ ṣarf (m)	النحو والصرف
vocabulário (m)	mufradāt al luɣa (pl)	مفردات اللغة
fonética (f)	ṣawtīyyāt (pl)	صوتيّات

manual (m) escolar	kitāb ta'līm (m)	كتاب تعليم
dicionário (m)	qāmūs (m)	قاموس
manual (m) de autoaprendizagem	kitāb ta'līm ðātiy (m)	كتاب تعليم ذاتيّ
guia (m) de conversação	kitāb lil 'ibārāt aʃ ʃā'i'a (m)	كتاب للعبارت الشائعة

cassete (f)	ʃarīṭ (m)	شريط
vídeo cassete (m)	ʃarīṭ vidiyu (m)	شريط فيديو
CD (m)	si di (m)	سي دي
DVD (m)	di vi di (m)	دي في دي

alfabeto (m)	alifbā' (m)	الفباء
soletrar (vt)	tahaʒʒa	تهجّى
pronúncia (f)	nuṭq (m)	نطق

sotaque (m)	lukna (f)	لكنة
com sotaque	bi lukna	بلكنة
sem sotaque	bi dūn lukna	بدون لكنة

palavra (f)	kalima (f)	كلمة
sentido (m)	ma'na (m)	معنى

cursos (m pl)	dawra (f)	دورة
inscrever-se (vr)	saʒʒal ismahu	سجّل إسمه
professor (m)	mudarris (m)	مدرس

tradução (processo)	tarʒama (f)	ترجمة
tradução (texto)	tarʒama (f)	ترجمة
tradutor (m)	mutarʒim (m)	مترجم
intérprete (m)	mutarʒim fawriy (m)	مترجم فوريّ

poliglota (m)	'alīm bi 'iddat luɣāt (m)	عليم بعدّة لغات
memória (f)	ðākira (f)	ذاكرة

122. Personagens de contos de fadas

Pai (m) Natal	baba nuwīl (m)	بابا نويل
Cinderela (f)	sindrīla	سيندريلا
sereia (f)	ḥūriyyat al baḥr (f)	حوريّة البحر
Neptuno (m)	nibtūn (m)	نبتون

mago (m)	sāḥir (m)	ساحر
fada (f)	sāḥira (f)	ساحرة
mágico	siḥriy	سحريّ
varinha (f) mágica	'aṣa siḥriyya (f)	عصا سحريّة

conto (m) de fadas	ḥikāya xayāliyya (f)	حكاية خياليّة
milagre (m)	mu'ʒiza (f)	معجزة

anão (m)	qazam (m)	قزم
transformar-se em …	taḥawwal ila …	تحوّل إلى...
fantasma (m)	ʃabaḥ (m)	شبح
espetro (m)	ʃabaḥ (m)	شبح
monstro (m)	waḥʃ (m)	وحش
dragão (m)	tinnīn (m)	تنّين
gigante (m)	ʿimlāq (m)	عملاق

123. Signos do Zodíaco

Carneiro	burʒ al ḥamal (m)	برج الحمل
Touro	burʒ aθ θawr (m)	برج الثور
Gémeos	burʒ al ʒawzāʾ (m)	برج الجوزاء
Caranguejo	burʒ as saraṭān (m)	برج السرطان
Leão	burʒ al asad (m)	برج الأسد
Virgem (f)	burʒ al ʿaðrāʾ (m)	برج العذراء
Balança	burʒ al mīzān (m)	برج الميزان
Escorpião	burʒ al ʿaqrab (m)	برج العقرب
Sagitário	burʒ al qaws (m)	برج القوس
Capricórnio	burʒ al ʒaday (m)	برج الجدي
Aquário	burʒ ad dalw (m)	برج الدلو
Peixes	burʒ al ḥūt (m)	برج الحوت
caráter (m)	ṭabʿ (m)	طبع
traços (m pl) do caráter	aṣ ṣifāt aʃ ʃaxṣiyya (pl)	الصفات الشخصيّة
comportamento (m)	sulūk (m)	سلوك
predizer (vt)	tanabbaʾ	تنبّأ
adivinha (f)	ʿarrāfa (f)	عرّافة
horóscopo (m)	tawaqquʿāt al abrāʒ (pl)	توقّعات الأبراج

Artes

124. Teatro

teatro (m)	masraḥ (m)	مسرح
ópera (f)	ubra (f)	أوبرا
opereta (f)	ubirīt (f)	أوبريت
balé (m)	balīh (m)	باليه

cartaz (m)	mulṣaq (m)	ملصق
companhia (f) teatral	firqa (f)	فرقة
turné (digressão)	ʒawlat fannānīn (f)	جولة فنانين
estar em turné	taʒawwal	تجوّل
ensaiar (vt)	aʒra bruvāt	أجرى بروفات
ensaio (m)	brūva (f)	بروفة
repertório (m)	barnāmaʒ al masraḥ (m)	برنامج المسرح

apresentação (f)	adā' fanniy (m)	أداء فنّي
espetáculo (m)	'arḍ masraḥiy (m)	عرض مسرحي
peça (f)	masraḥiyya (f)	مسرحيّة

bilhete (m)	taðkira (f)	تذكرة
bilheteira (f)	ʃubbāk at taðākir (m)	شبّاك التذاكر
hall (m)	ṣāla (f)	صالة
guarda-roupa (m)	ɣurfat al ma'āṭif (f)	غرفة المعاطف
senha (f) numerada	biṭāqat 'īdā' al ma'āṭif (f)	بطاقة إيداع المعاطف
binóculo (m)	minẓār (m)	منظار
lanterninha (m)	ḥāʒib (m)	حاجب

plateia (f)	karāsi al urkistra (pl)	كراسي الأوركسترا
balcão (m)	balakūna (f)	بلكونة
primeiro balcão (m)	ʃurfa (f)	شرفة
camarote (m)	lūʒ (m)	لوج
fila (f)	ṣaff (m)	صفّ
assento (m)	maq'ad (m)	مقعد

público (m)	ʒumhūr (m)	جمهور
espetador (m)	muʃāhid (m)	مشاهد
aplaudir (vt)	ṣaffaq	صفّق
aplausos (m pl)	taṣfīq (m)	تصفيق
ovação (f)	taṣfīq ḥārr (m)	تصفيق حارّ

palco (m)	χaʃabat al masraḥ (f)	خشبة المسرح
pano (m) de boca	sitāra (f)	ستارة
cenário (m)	dikūr (m)	ديكور
bastidores (m pl)	kawalīs (pl)	كواليس

cena (f)	maʃhad (m)	مشهد
ato (m)	faṣl (m)	فصل
entreato (m)	istirāḥa (f)	إستراحة

125. Cinema

| ator (m) | mumaθθil (m) | ممثّل |
| atriz (f) | mumaθθila (f) | ممثّلة |

cinema (m)	sinima (f)	سينما
filme (m)	film sinimā'iy (m)	فيلم سينمائيّ
episódio (m)	ʒuz' min al film (m)	جزء من الفيلم

filme (m) policial	film bulīsiy (m)	فيلم بوليسيّ
filme (m) de ação	film ḥaraka (m)	فيلم حركة
filme (m) de aventuras	film muɣāmarāt (m)	فيلم مغامرات
filme (m) de ficção científica	film ҳayāl 'ilmiy (m)	فيلم خيال علميّ
filme (m) de terror	film ru'b (m)	فيلم رعب

comédia (f)	film kumīdiya (f)	فيلم كوميديا
melodrama (m)	miludrāma (m)	ميلودراما
drama (m)	drāma (f)	دراما

filme (m) ficcional	film fanniy (m)	فيلم فنّيّ
documentário (m)	film waθā'iqiy (m)	فيلم وثائقيّ
desenho (m) animado	film kartūn (m)	فيلم كرتون
cinema (m) mudo	sinima ṣāmita (f)	سينما صامتة

papel (m)	dawr (m)	دور
papel (m) principal	dawr ra'īsi (m)	دور رئيسي
representar (vt)	maθθal	مثّل

estrela (f) de cinema	naʒm sinimā'iy (m)	نجم سينمائيّ
conhecido	ma'rūf	معروف
famoso	maʃhūr	مشهور
popular	maḥbūb	محبوب

argumento (m)	sināriyu (m)	سيناريو
argumentista (m)	kātib sināriyu (m)	كاتب سيناريو
realizador (m)	muҳriʒ (m)	مخرج
produtor (m)	muntiʒ (m)	منتج
assistente (m)	musā'id (m)	مساعد
diretor (m) de fotografia	muṣawwir (m)	مصوّر
duplo (m)	mu'addi maʃahid ҳaṭīra (m)	مؤدّي مشاهد خطيرة
duplo (m) de corpo	mumaθθil badīl (m)	ممثّل بديل

filmar (vt)	ṣawwar film	صوّر فيلمًا
audição (f)	taʒribat adā' (f)	تجربة أداء
filmagem (f)	taṣwīr (m)	تصوير
equipe (f) de filmagem	ṭāqim al film (m)	طاقم الفيلم
set (m) de filmagem	mintaqat at taṣwīr (f)	منطقة التصوير
câmara (f)	kamira sinimā'iyya (f)	كاميرا سينمائيّة

cinema (m)	sinima (f)	سينما
ecrã (m), tela (f)	ʃāʃa (f)	شاشة
exibir um filme	'araḍ film	عرض فيلمًا

| pista (f) sonora | musīqa taṣwīriyya (f) | موسيقى تصويريّة |
| efeitos (m pl) especiais | mu'aθθirāt ҳāṣṣa (pl) | مؤثّرات خاصّة |

legendas (f pl)	tarʒamat al ḥiwār (f)	ترجمة الحوار
crédito (m)	ʃārat an nihāya (f)	شارة النهاية
tradução (f)	tarʒama (f)	ترجمة

126. Pintura

arte (f)	fann (m)	فنّ
belas-artes (f pl)	funūn ʒamīla (pl)	فنون جميلة
galeria (f) de arte	maʿraḍ fanniy (m)	معرض فنّيّ
exposição (f) de arte	maʿraḍ fanniy (m)	معرض فنّي

pintura (f)	taṣwīr (m)	تصوير
arte (f) gráfica	rusūmiyyāt (pl)	رسوميّات
arte (f) abstrata	fann taʒrīdiy (m)	فنّ تجريديّ
impressionismo (m)	al intibāʿiyya (f)	الإنطباعيّة

pintura (f), quadro (m)	lawḥa (f)	لوحة
desenho (m)	rasm (m)	رسم
cartaz, póster (m)	mulṣaq iʿlāniy (m)	ملصق إعلانيّ

ilustração (f)	rasm tawḍīḥiy (m)	رسم توضيحيّ
miniatura (f)	ṣūra muṣaɣɣara (f)	صورة مصغّرة
cópia (f)	nusχa (f)	نسخة
reprodução (f)	nusχa ṭibq al aṣl (f)	نسخة طبق الأصل

mosaico (m)	fusayfisāʾ (f)	فسيفساء
vitral (m)	zuʒāʒ muʿaʃʃaq (m)	زجاج معشّق
fresco (m)	taṣwīr ʒiṣṣiy (m)	تصوير جصّي
gravura (f)	naqʃ (m)	نقش

busto (m)	timθāl niṣfiy (m)	تمثال نصفيّ
escultura (f)	naḥt (m)	نحت
estátua (f)	timθāl (m)	تمثال
gesso (m)	ʒībs (m)	جيبس
em gesso	min al ʒībs	من الجيبس

retrato (m)	burtrī (m)	بورتريه
autorretrato (m)	burtrīh ðātiy (m)	بورتريه ذاتيّ
paisagem (f)	lawḥat manẓar ṭabīʿiy (f)	لوحة منظر طبيعيّ
natureza (f) morta	ṭabīʿa ṣāmita (f)	طبيعة صامتة
caricatura (f)	ṣūra karikaturiyya (f)	صورة كاريكاتوريّة
esboço (m)	rasm tamhīdiy (m)	رسم تمهيديّ

tinta (f)	lawn (m)	لون
aguarela (f)	alwān māʾiyya (m)	ألوان مائية
óleo (m)	zayt (m)	زيت
lápis (m)	qalam ruṣāṣ (m)	قلم رصاص
tinta da China (f)	ḥibr hindiy (m)	حبر هنديّ
carvão (m)	faḥm (m)	فحم

desenhar (vt)	rasam	رسم
pintar (vt)	rasam	رسم
posar (vi)	qaʿad	قعد
modelo (m)	mudil ḥay (m)	موديل حيّ

modelo (f)	mudil ḥay (m)	موديل حيّ
pintor (m)	rassām (m)	رسّام
obra (f)	'amal fanniy (m)	عمل فنّيّ
obra-prima (f)	tuḥfa fanniyya (f)	تحفة فنّيّة
estúdio (m)	warʃa (f)	ورشة

tela (f)	kanava (f)	كانفا
cavalete (m)	musnad ar rasm (m)	مسند الرسم
paleta (f)	lawḥat al alwān (f)	لوحة الألوان

moldura (f)	iṭār (m)	إطار
restauração (f)	tarmīm (m)	ترميم
restaurar (vt)	rammam	رمّم

127. Literatura & Poesia

literatura (f)	adab (m)	أدب
autor (m)	mu'allif (m)	مؤلّف
pseudónimo (m)	ism musta'ār (m)	إسم مستعار

livro (m)	kitāb (m)	كتاب
volume (m)	muʒallad (m)	مجلّد
índice (m)	fihris (m)	فهرس
página (f)	ṣafḥa (f)	صفحة
protagonista (m)	aʃ ʃaχṣiyya ar ra'īsiyya (f)	الشخصيّة الرئيسيّة
autógrafo (m)	tawqī' al mu'allif (m)	توقيع المؤلّف

conto (m)	qiṣṣa qaṣīra (f)	قصّة قصيرة
novela (f)	qiṣṣa (f)	قصّة
romance (m)	riwāya (f)	رواية
obra (f)	mu'allif (m)	مؤلّف
fábula (m)	ḥikāya (f)	حكاية
romance (m) policial	riwāya bulīsiyya (f)	رواية بوليسيّة

poesia (obra)	qaṣīda (f)	قصيدة
poesia (arte)	ʃi'r (m)	شعر
poema (m)	qaṣīda (f)	قصيدة
poeta (m)	ʃā'ir (m)	شاعر

ficção (f)	adab ʒamīl (m)	أدب جميل
ficção (f) científica	χayāl 'ilmiy (m)	خيال علميّ
aventuras (f pl)	adab al muɣāmarāt (m)	أدب المغامرات
literatura (f) didática	adab tarbawiy (m)	أدب تربويّ
literatura (f) infantil	adab al aṭfāl (m)	أدب الأطفال

128. Circo

circo (m)	sirk (m)	سيرك
circo (m) ambulante	sirk mutanaqqil (m)	سيرك متنقّل
programa (m)	barnāmaʒ (m)	برنامج
apresentação (f)	adā' fanniy (m)	أداء فنّيّ
número (m)	dawr (m)	دور

arena (f)	halbat as sirk (f)	حلبة السيرك
pantomima (f)	'ard 'īmā'y (m)	عرض إيمائي
palhaço (m)	muharriʒ (m)	مهرّج
acrobata (m)	bahlawān (m)	بهلوان
acrobacia (f)	al'āb bahlawāniyya (f)	ألعاب بهلوانيّة
ginasta (m)	lā'ib ʒumbāz (m)	لاعب جنباز
ginástica (f)	ʒumbāz (m)	جنباز
salto (m) mortal	ʃaqlaba (f)	شقلبة
homem forte (m)	lā'ib riyādiy (m)	لاعب رياضيّ
domador (m)	murawwid (m)	مروّض
cavaleiro (m) equilibrista	fāris (m)	فارس
assistente (m)	musā'id (m)	مساعد
truque (m)	al'āb bahlawāniyya (f)	ألعاب بهلوانيّة
truque (m) de mágica	xid'a sihriyya (f)	خدعة سحريّة
mágico (m)	sāhir (m)	ساحر
malabarista (m)	bahlawān (m)	بهلوان
fazer malabarismos	la'ib bi kurāt 'adīda	لعب بكرات عديدة
domador (m)	mudarrib hayawānāt (m)	مدرّب حيوانات
adestramento (m)	tadrīb al hayawānāt (m)	تدريب الحيوانات
adestrar (vt)	darrab	درّب

129. Música. Música popular

música (f)	musīqa (f)	موسيقى
músico (m)	'āzif (m)	عازف
instrumento (m) musical	'āla musiqiyya (f)	آلة موسيقيّة
tocar ...	'azaf ...	عزف...
guitarra (f)	gitār (m)	جيتار
violino (m)	kamān (m)	كمان
violoncelo (m)	tʃīlu (m)	تشيلو
contrabaixo (m)	kamān aʒhar (m)	كمان أجهر
harpa (f)	qiθār (m)	قيثار
piano (m)	biānu (m)	بيانو
piano (m) de cauda	biānu kibīr (m)	بيانو كبير
órgão (m)	arɣan (m)	أرغن
instrumentos (m pl) de sopro	'ālāt nafxiyya (pl)	آلات نفخيّة
oboé (m)	ubwa (m)	أوبوا
saxofone (m)	saksufūn (m)	ساكسوفون
clarinete (m)	klarnīt (m)	كلارنيت
flauta (f)	flut (m)	فلوت
trompete (m)	būq (m)	بوق
acordeão (m)	ukurdiūn (m)	أكورديون
tambor (m)	tabla (f)	طبلة
duo, dueto (m)	θunā'iy (m)	ثنائيّ
trio (m)	θulāθy (m)	ثلاثيّ

quarteto (m)	rubāʻiy (m)	رباعيّ
coro (m)	χūrus (m)	خورس
orquestra (f)	urkistra (f)	أوركسترا
música (f) pop	musīqa al bub (f)	موسيقى البوب
música (f) rock	musīqa ar rūk (f)	موسيقى الروك
grupo (m) de rock	firqat ar rūk (f)	فرقة الروك
jazz (m)	ჳāz (m)	جاز
ídolo (m)	maʻbūd (m)	معبود
fã, admirador (m)	muʻჳab (m)	معجب
concerto (m)	ḥafla mūsiqiyya (f)	حفلة موسيقيّة
sinfonia (f)	simfūniyya (f)	سمفونيّة
composição (f)	qiṭʻa mūsiqiyya (f)	قطعة موسيقيّة
compor (vt)	allaf	ألّف
canto (m)	ɣināʾ (m)	غناء
canção (f)	uɣniyya (f)	أغنيّة
melodia (f)	laḥn (m)	لحن
ritmo (m)	ʾīqāʻ (m)	إيقاع
blues (m)	musīqa al blūz (f)	موسيقى البلوز
notas (f pl)	nutāt (pl)	نوتات
batuta (f)	ʻaṣa al mayistru (m)	عصا المايسترو
arco (m)	qaws (m)	قوس
corda (f)	watar (m)	وتر
estojo (m)	ʃanṭa (f)	شنطة

Descanso. Entretenimento. Viagens

130. Viagens

turismo (m)	siyāḥa (f)	سياحة
turista (m)	sā'iḥ (m)	سائح
viagem (f)	riḥla (f)	رحلة
aventura (f)	muɣāmara (f)	مغامرة
viagem (f)	riḥla (f)	رحلة
férias (f pl)	'uṭla (f)	عطلة
estar de férias	'indahu 'uṭla	عنده عطلة
descanso (m)	istirāḥa (f)	إستراحة
comboio (m)	qiṭār (m)	قطار
de comboio (chegar ~)	bil qiṭār	بالقطار
avião (m)	ṭā'ira (f)	طائرة
de avião	biṭ ṭā'ira	بالطائرة
de carro	bis sayyāra	بالسيّارة
de navio	bis safīna	بالسفينة
bagagem (f)	aʃ ʃunaṭ (pl)	الشنط
mala (f)	ḥaqībat safar (f)	حقيبة سفر
carrinho (m)	'arabat ʃunaṭ (f)	عربة شنط
passaporte (m)	ʒawāz as safar (m)	جواز السفر
visto (m)	ta'ʃīra (f)	تأشيرة
bilhete (m)	taðkira (f)	تذكرة
bilhete (m) de avião	taðkirat ṭā'ira (f)	تذكرة طائرة
guia (m) de viagem	dalīl (m)	دليل
mapa (m)	ҳarīṭa (f)	خريطة
local (m), area (f)	mintaqa (f)	منطقة
lugar, sítio (m)	makān (m)	مكان
exotismo (m)	ɣarāba (f)	غرابة
exótico	ɣarīb	غريب
surpreendente	mudhiʃ	مدهش
grupo (m)	maʒmū'a (f)	مجموعة
excursão (f)	ʒawla (f)	جولة
guia (m)	murʃid (m)	مرشد

131. Hotel

hotel (m)	funduq (m)	فندق
motel (m)	mutīl (m)	موتيل
três estrelas	θalāθat nuʒūm	ثلاثة نجوم

| cinco estrelas | χamsat nuӡūm | خمسة نجوم |
| ficar (~ num hotel) | nazal | نزل |

quarto (m)	ɣurfa (f)	غرفة
quarto (m) individual	ɣurfa li ʃaχṣ wāḥid (f)	غرفة لشخص واحد
quarto (m) duplo	ɣurfa li ʃaχṣayn (f)	غرفة لشخصين
reservar um quarto	ḥaӡaz ɣurfa	حجز غرفة

| meia pensão (f) | waӡbitān fil yawm (du) | وجبتان في اليوم |
| pensão (f) completa | θalāθ waӡabāt fil yawm | ثلاث وجبات في اليوم |

com banheira	bi ḥawḍ al istiḥmām	بحوض الإستحمام
com duche	bid duʃ	بالدوش
televisão (m) satélite	tilivizyūn faḍā'iy (m)	تلفزيون فضائيَ
ar (m) condicionado	takyīf (m)	تكييف
toalha (f)	fūṭa (f)	فوطة
chave (f)	miftāḥ (m)	مفتاح

administrador (m)	mudīr (m)	مدير
camareira (f)	ʻāmilat tanӡīf ɣuraf (f)	عاملة تنظيف غرف
bagageiro (m)	ḥammāl (m)	حمّال
porteiro (m)	bawwāb (m)	بوّاب

restaurante (m)	maṭʻam (m)	مطعم
bar (m)	bār (m)	بار
pequeno-almoço (m)	fuṭūr (m)	فطور
jantar (m)	ʻaʃā' (m)	عشاء
buffet (m)	bufīh (m)	بوفيه

| hall (m) de entrada | radha (f) | ردهة |
| elevador (m) | miṣʻad (m) | مصعد |

| NÃO PERTURBE | ar raӡā' ʻadam al izʻāӡ | الرجاء عدم الإزعاج |
| PROIBIDO FUMAR! | mamnū' at tadχīn | ممنوع التدخين |

132. Livros. Leitura

livro (m)	kitāb (m)	كتاب
autor (m)	mu'allif (m)	مؤلّف
escritor (m)	kātib (m)	كاتب
escrever (vt)	allaf	ألّف

leitor (m)	qāri' (m)	قارئ
ler (vt)	qara'	قرأ
leitura (f)	qirā'a (f)	قراءة

| para si | sirran | سرًا |
| em voz alta | bi ṣawt ʻāli | بصوت عال |

publicar (vt)	naʃar	نشر
publicação (f)	naʃr (m)	نشر
editor (m)	nāʃir (m)	ناشر
editora (f)	dār aṭ ṭibāʻa wan naʃr (f)	دار الطباعة والنشر
sair (vi)	ṣadar	صدر

lançamento (m)	ṣudūr (m)	صدور
tiragem (f)	ʿadad an nusaχ (m)	عدد النسخ
livraria (f)	maḥall kutub (m)	محل كتب
biblioteca (f)	maktaba (f)	مكتبة
novela (f)	qiṣṣa (f)	قصة
conto (m)	qiṣṣa qaṣīra (f)	قصة قصيرة
romance (m)	riwāya (f)	رواية
romance (m) policial	riwāya bulīsiyya (f)	رواية بوليسية
memórias (f pl)	muðakkirāt (pl)	مذكّرات
lenda (f)	usṭūra (f)	أسطورة
mito (m)	χurāfa (f)	خرافة
poesia (f)	ʃiʿr (m)	شعر
autobiografia (f)	sīrat ḥayāt (f)	سيرة حياة
obras (f pl) escolhidas	muχtārāt (pl)	مختارات
ficção (f) científica	χayāl ʿilmiy (m)	خيال علمي
título (m)	ʿunwān (m)	عنوان
introdução (f)	muqaddima (f)	مقدمة
folha (f) de rosto	ṣafḥat al ʿunwān (f)	صفحة العنوان
capítulo (m)	faṣl (m)	فصل
excerto (m)	qiṭʿa (f)	قطعة
episódio (m)	maʃhad (m)	مشهد
tema (m)	mawdūʿ (m)	موضوع
conteúdo (m)	muhtawayāt (pl)	محتويات
índice (m)	fihris (m)	فهرس
protagonista (m)	aʃ ʃaχṣiyya ar raʾīsiyya (f)	الشخصية الرئيسية
tomo, volume (m)	muʒallad (m)	مجلد
capa (f)	γilāf (m)	غلاف
encadernação (f)	taʒlīd (m)	تجليد
marcador (m) de livro	ʃarīṭ (m)	شريط
página (f)	ṣafḥa (f)	صفحة
folhear (vt)	qallab aṣ ṣafaḥāt	قلب الصفحات
margem (f)	hāmiʃ (m)	هامش
anotação (f)	mulāḥaza (f)	ملاحظة
nota (f) de rodapé	mulāḥaza (f)	ملاحظة
texto (m)	naṣṣ (m)	نص
fonte (f)	nawʿ al χaṭṭ (m)	نوع الخط
gralha (f)	χaṭaʾ matbaʿiy (m)	خطأ مطبعي
tradução (f)	tarʒama (f)	ترجمة
traduzir (vt)	tarʒam	ترجم
original (m)	aṣliy (m)	أصلي
famoso	maʃhūr	مشهور
desconhecido	γayr maʿrūf	غير معروف
interessante	mumtiʿ	ممتع
best-seller (m)	akθar mabīʿan (m)	أكثر مبيعًا

dicionário (m)	qāmūs (m)	قاموس
manual (m) escolar	kitāb ta'līm (m)	كتاب تعليم
enciclopédia (f)	mawsū'a (f)	موسوعة

133. Caça. Pesca

caça (f)	ṣayd (m)	صيد
caçar (vi)	iṣṭād	إصطاد
caçador (m)	ṣayyād (m)	صيّاد

atirar (vi)	aṭlaq an nār	أطلق النار
caçadeira (f)	bunduqiyya (f)	بندقيّة
cartucho (m)	ruṣāṣa (f)	رصاصة
chumbo (m) de caça	raʃʃ (m)	رشّ

armadilha (f)	maṣyada (f)	مصيدة
armadilha (com corda)	faχχ (m)	فخّ
cair na armadilha	waqaʻ fi faχχ	وقع في فخّ
pôr a armadilha	naṣab faχχ	نصب فخّا

caçador (m) furtivo	sāriq aṣ ṣayd (m)	سارق الصيد
caça (f)	ṣayd (m)	صيد
cão (m) de caça	kalb ṣayd (m)	كلب صيد
safári (m)	safāri (m)	سفاري
animal (m) empalhado	ḥayawān muḥannaṭ (m)	حيوان محنّط

pescador (m)	ṣayyād as samak (m)	صيّاد السمك
pesca (f)	ṣayd as samak (m)	صيد السمك
pescar (vt)	iṣṭād as samak	إصطاد السمك

cana (f) de pesca	ṣannāra (f)	صنّارة
linha (f) de pesca	χayṭ (m)	خيط
anzol (m)	ʃaṣṣ aṣ ṣayd (m)	شصّ الصيد

| boia (f) | 'awwāma (f) | عوّامة |
| isca (f) | ṭuʻm (m) | طعم |

| lançar a linha | ṭaraḥ aṣ ṣinnāra | طرح الصنّارة |
| morder (vt) | 'aḍḍ | عضّ |

| pesca (f) | as samak al muṣṭād (m) | السمك المصطاد |
| buraco (m) no gelo | fatḥa fil ʒalīd (f) | فتحة في الجليد |

| rede (f) | ʃabakat aṣ ṣayd (f) | شبكة الصيد |
| barco (m) | markab (m) | مركب |

pescar com rede	iṣṭād biʃ ʃabaka	إصطاد بالشبكة
lançar a rede	rama ʃabaka	رمى شبكة
puxar a rede	aχraʒ ʃabaka	أخرج شبكة
cair nas malhas	waqaʻ fi ʃabaka	وقع في شبكة

baleeiro (m)	ṣayyād al ḥūt (m)	صيّاد الحوت
baleeira (f)	safīnat ṣayd al ḥītān (f)	سفينة صيد الحيتان
arpão (m)	ḥarba (f)	حربة

134. Jogos. Bilhar

bilhar (m)	bilyārdu (m)	بليـاردو
sala (f) de bilhar	qāʿat bilyārdu (m)	قاعة بليـاردو
bola (f) de bilhar	kura (f)	كرة
embolsar uma bola	aşqaṭ kura	أصقط كرة
taco (m)	ʿaşa bilyardu (f)	عصا بليـاردو
caçapa (f)	ӡayb bilyārdu (m)	جيب بليـاردو

135. Jogos. Jogar cartas

ouros (m pl)	ad dināriy (m)	الديناريّ
espadas (f pl)	al bastūniy (m)	البستونيّ
copas (f pl)	al kūba (f)	الكوبة
paus (m pl)	as sibātiy (m)	السباتيّ
ás (m)	ʾās (m)	آس
rei (m)	malik (m)	ملك
dama (f)	malika (f)	ملكة
valete (m)	walad (m)	ولد
carta (f) de jogar	waraqa (f)	ورقة
cartas (f pl)	waraq (m)	ورق
trunfo (m)	waraqa rābiḥa (f)	ورقة رابحة
baralho (m)	dasta waraq al laʿb (f)	دستة ورق اللعب
ponto (m)	nuqṭa (f)	نقطة
dar, distribuir (vt)	farraq	فرَّق
embaralhar (vt)	ҳallaṭ	خلط
vez, jogada (f)	dawr (m)	دور
batoteiro (m)	muḥtāl fil qimār (m)	محتال في القمار

136. Descanso. Jogos. Diversos

passear (vi)	tanazzah	تنزّه
passeio (m)	tanazzuh (m)	تنزّه
viagem (f) de carro	ӡawla bis sayyāra (f)	جولة بالسيّارة
aventura (f)	muҳāmara (f)	مغامرة
piquenique (m)	nuzha (f)	نزهة
jogo (m)	luʿba (f)	لعبة
jogador (m)	lāʿib (m)	لاعب
partida (f)	dawr (m)	دور
colecionador (m)	ӡāmiʿ (m)	جامع
colecionar (vt)	ӡamaʿ	جمع
coleção (f)	maӡmūʿa (f)	مجموعة
palavras (f pl) cruzadas	kalimāt mutaqāṭiʿa (pl)	كلمات متقاطعة
hipódromo (m)	ḥalbat sibāq al ҳuyūl (f)	حلبة سباق الخيول

discoteca (f)	disku (m)	ديسكو
sauna (f)	sāuna (f)	ساونا
lotaria (f)	yanaṣīb (m)	يانصيب

campismo (m)	riḥlat taxyīm (f)	رحلة تخييم
acampamento (m)	muxayyam (m)	مخيّم
tenda (f)	xayma (f)	خيمة
bússola (f)	būṣila (f)	بوصلة
campista (m)	muxayyim (m)	مخيّم

ver (vt), assistir à ...	ʃāhid	شاهد
telespectador (m)	muʃāhid (m)	مشاهد
programa (m) de TV	barnāmaʒ tiliviziyūniy (m)	برنامج تليفزيونيّ

137. Fotografia

| máquina (f) fotográfica | kamira (f) | كاميرا |
| foto, fotografia (f) | ṣūra (f) | صورة |

fotógrafo (m)	muṣawwir (m)	مصوّر
estúdio (m) fotográfico	istūdiyu taṣwīr (m)	إستوديو تصوير
álbum (m) de fotografias	albūm aṣ ṣuwar (m)	ألبوم الصور

objetiva (f)	ʿadasa (f)	عدسة
teleobjetiva (f)	ʿadasa tiliskūpiyya (f)	عدسة تلسكوبيّة
filtro (m)	filtir (m)	فلتر
lente (f)	ʿadasa (f)	عدسة

ótica (f)	aʒhiza baṣariyya (pl)	أجهزة بصريّة
abertura (f)	buʾra (f)	بؤرة
exposição (f)	muddat at taʿrīḍ (f)	مدّة التعريض
visor (m)	al ʿayn al fāḥiṣa (f)	العين الفاحصة

câmara (f) digital	kamira raqmiyya (f)	كاميرا رقميّة
tripé (m)	ḥāmil θulāθiy (m)	حامل ثلاثيّ
flash (m)	flāʃ (m)	فلاش

fotografar (vt)	ṣawwar	صوّر
tirar fotos	ṣawwar	صوّر
fotografar-se	taṣawwar	تصوّر

foco (m)	buʾrat al ʿadasa (f)	بؤرة العدسة
focar (vt)	rakkaz	ركّز
nítido	wāḍiḥ	واضح
nitidez (f)	wuḍūḥ (m)	وضوح

| contraste (m) | tabāyun (m) | تباين |
| contrastante | mutabāyin | متباين |

retrato (m)	ṣūra (f)	صورة
negativo (m)	ṣūra sāliba (f)	صورة سالبة
filme (m)	film (m)	فيلم
fotograma (m)	iṭār (m)	إطار
imprimir (vt)	ṭabaʿ	طبع

138. Praia. Natação

praia (f)	ʃāṭiʾ (m)	شاطئ
areia (f)	raml (m)	رمل
deserto	mahʒūr	مهجور

bronzeado (m)	sumrat al baʃara (f)	سمرة البشرة
bronzear-se (vr)	taʃammas	تشمّس
bronzeado	asmar	أسمر
protetor (m) solar	krīm wāqi aʃʃams (m)	كريم واقي الشمس

biquíni (m)	bikini (m)	بكيني
fato (m) de banho	libās sibāḥa (m)	لباس سباحة
calção (m) de banho	libās sibāḥa riʒāliy (m)	لباس سباحة رجاليّ

piscina (f)	masbaḥ (m)	مسبح
nadar (vi)	sabaḥ	سبح
duche (m)	dūʃ (m)	دوش
mudar de roupa	ɣayyar libāsuh	غيّر لباسه
toalha (f)	fūṭa (f)	فوطة

barco (m)	markab (m)	مركب
lancha (f)	lanʃ (m)	لنش
esqui (m) aquático	tazalluʒ ʿalal māʾ (m)	تزلج على الماء
barco (m) de pedais	ʿaʒala māʾiyya (f)	عجلة مائيّة
surf (m)	rukūb al amwāʒ (m)	ركوب الأمواج
surfista (m)	rākib al amwāʒ (m)	راكب الأمواج

equipamento (m) de mergulho	ʒihāz at tanaffus (m)	جهاز التنفس
barbatanas (f pl)	zaʿānif as sibāḥa (pl)	زعانف السباحة
máscara (f)	kimāma (f)	كمامة
mergulhador (m)	ɣawwāṣ (m)	غوّاص
mergulhar (vi)	ɣāṣ	غاص
debaixo d'água	taḥt al māʾ	تحت الماء

guarda-sol (m)	ʃamsiyya (f)	شمسيّة
espreguiçadeira (f)	kursiy blāʒ (m)	كرسيّ بلاج
óculos (m pl) de sol	naẓẓārat ʃams (f)	نظارة شمس
colchão (m) de ar	martaba hawāʾiyya (f)	مرتبة هوائيّة

| brincar (vi) | laʿib | لعب |
| ir nadar | sabaḥ | سبح |

bola (f) de praia	kura (f)	كرة
encher (vt)	nafaχ	نفخ
inflável, de ar	qābil lin nafχ	قابل للنفخ

onda (f)	mawʒa (f)	موجة
boia (f)	ʃamandūra (f)	شمندورة
afogar-se (pessoa)	ɣariq	غرق

salvar (vt)	anqað	أنقذ
colete (m) salva-vidas	sutrat naʒāt (f)	سترة نجاة
observar (vt)	rāqab	راقب
nadador-salvador (m)	ḥāris ʃāṭiʾ (m)	حارس شاطئ

EQUIPAMENTO TÉCNICO. TRANSPORTES

Equipamento técnico. Transportes

139. Computador

computador (m)	kumbyūtir (m)	كمبيوتر
portátil (m)	kumbyūtir maḥmūl (m)	كمبيوتر محمول
ligar (vt)	ʃaɣɣal	شغَل
desligar (vt)	aɣlaq	أغلق
teclado (m)	lawḥat al mafātīḥ (f)	لوحة المفاتيح
tecla (f)	miftāḥ (m)	مفتاح
rato (m)	fa'ra (f)	فأرة
tapete (m) de rato	wisādat fa'ra (f)	وسادة فأرة
botão (m)	zirr (m)	زرّ
cursor (m)	mu'aʃʃir (m)	مؤشّر
monitor (m)	ʃāʃa (f)	شاشة
ecrã (m)	ʃāʃa (f)	شاشة
disco (m) rígido	qurṣ ṣalib (m)	قرص صلب
capacidade (f) do disco rígido	si'at taχzīn (f)	سعة تخزين
memória (f)	ðākira (f)	ذاكرة
memória RAM (f)	ðākirat al wuṣūl al 'aʃwā'iy (f)	ذاكرة الوصول العشوائيّ
ficheiro (m)	malaff (m)	ملفّ
pasta (f)	ḥāfiẓa (m)	حافظة
abrir (vt)	fataḥ	فتح
fechar (vt)	aɣlaq	أغلق
guardar (vt)	ḥafaẓ	حفظ
apagar, eliminar (vt)	masaḥ	مسح
copiar (vt)	nasaχ	نسخ
ordenar (vt)	ṣannaf	صنّف
copiar (vt)	naqal	نقل
programa (m)	barnāmaʒ (m)	برنامج
software (m)	barāmiʒ kumbyūtir (pl)	برامج كمبيوتر
programador (m)	mubarmiʒ (m)	مبرمج
programar (vt)	barmaʒ	برمج
hacker (m)	hākir (m)	هاكر
senha (f)	kalimat as sirr (f)	كلمة السرّ
vírus (m)	virūs (m)	فيروس
detetar (vt)	waʒad	وجد
byte (m)	bayt (m)	بايت

megabyte (m)	miʒabāyt (m)	ميجابايت
dados (m pl)	bayānāt (pl)	بيانات
base (f) de dados	qaʻidat bayānāt (f)	قاعدة بيانات

cabo (m)	kābil (m)	كابل
desconectar (vt)	faşal	فصل
conetar (vt)	waşşal	وصّل

140. Internet. E-mail

internet (f)	intirnit (m)	إنترنت
browser (m)	mutaşaffiḥ (m)	متصفح
motor (m) de busca	muḥarrik baḥθ (m)	محرّك بحث
provedor (m)	ʃarikat al intirnīt (f)	شركة الإنترنيت

webmaster (m)	mudīr al mawqiʻ (m)	مدير الموقع
website, sítio web (m)	mawqiʻ iliktrūniy (m)	موقع إلكتروني
página (f) web	şafḥat wīb (f)	صفحة ويب

endereço (m)	ʻunwān (m)	عنوان
livro (m) de endereços	daftar al ʻanāwīn (m)	دفتر العناوين

caixa (f) de correio	şundūq al barīd (m)	صندوق البريد
correio (m)	barīd (m)	بريد
cheia (caixa de correio)	mumtaliʼ	ممتلىء

mensagem (f)	risāla iliktrūniyya (f)	رسالة إلكترونيّة
mensagens (f pl) recebidas	rasaʼil wārida (pl)	رسائل واردة
mensagens (f pl) enviadas	rasaʼil şādira (pl)	رسائل صادرة
remetente (m)	mursil (m)	مرسل
enviar (vt)	arsal	أرسل
envio (m)	irsāl (m)	إرسال
destinatário (m)	mursal ilayh (m)	مرسل إليه
receber (vt)	istalam	إستلم

correspondência (f)	murāsala (f)	مراسلة
corresponder-se (vr)	tarāsal	تراسل

ficheiro (m)	malaff (m)	ملفّ
fazer download, baixar	ḥammal	حمّل
criar (vt)	anʃaʼ	أنشأ
apagar, eliminar (vt)	masaḥ	مسح
eliminado	mamsūḥ	ممسوح

conexão (f)	ittişāl (m)	إتّصال
velocidade (f)	surʻa (f)	سرعة
modem (m)	mudim (m)	مودم
acesso (m)	wuşūl (m)	وصول
porta (f)	maxraʒ (m)	مخرج

conexão (f)	ittişāl (m)	إتّصال
conetar (vi)	ittaşal	إتّصل
escolher (vt)	ixtār	إختار
buscar (vt)	baḥaθ	بحث

Transportes

141. Avião

avião (m)	ṭā'ira (f)	طائرة
bilhete (m) de avião	taðkirat ṭā'ira (f)	تذكرة طائرة
companhia (f) aérea	ʃarikat ṭayarān (f)	شركة طيران
aeroporto (m)	maṭār (m)	مطار
supersónico	χāriq liṣ ṣawt	خارق للصوت
comandante (m) do avião	qā'id aṭ ṭā'ira (m)	قائد الطائرة
tripulação (f)	ṭāqim (m)	طاقم
piloto (m)	ṭayyār (m)	طيّار
hospedeira (f) de bordo	muḍīfat ṭayarān (f)	مضيفة طيران
copiloto (m)	mallāḥ (m)	ملّاح
asas (f pl)	aʒniḥa (pl)	أجنحة
cauda (f)	ðayl (m)	ذيل
cabine (f) de pilotagem	kabīna (f)	كابينة
motor (m)	mutūr (m)	موتور
trem (m) de aterragem	ʿaʒalāt al hubūṭ (pl)	عجلات الهبوط
turbina (f)	turbīna (f)	تربينة
hélice (f)	mirwaḥa (f)	مروحة
caixa-preta (f)	musaʒʒil aṭ ṭayarān (m)	مسجّل الطيران
coluna (f) de controlo	ʿaʒalat qiyāda (f)	عجلة قيادة
combustível (m)	wuqūd (m)	وقود
instruções (f pl) de segurança	biṭāqat as salāma (f)	بطاقة السلامة
máscara (f) de oxigénio	qināʿ uksiʒīn (m)	قناع أوكسيجين
uniforme (m)	libās muwaḥḥad (m)	لباس موحّد
colete (m) salva-vidas	sutrat naʒāt (f)	سترة نجاة
paraquedas (m)	miẓallat hubūṭ (f)	مظلّة هبوط
descolagem (f)	iqlāʿ (m)	إقلاع
descolar (vi)	aqlaʿat	أقلعت
pista (f) de descolagem	madraʒ aṭ ṭā'irāt (m)	مدرج الطائرات
visibilidade (f)	ru'ya (f)	رؤية
voo (m)	ṭayarān (m)	طيران
altura (f)	irtifāʿ (m)	إرتفاع
poço (m) de ar	ʒayb hawā'iy (m)	جيب هوائيّ
assento (m)	maqʿad (m)	مقعد
auscultadores (m pl)	sammāʿāt ra'siya (pl)	سمّاعات رأسيّة
mesa (f) rebatível	ṣīniyya qābila liṭ ṭayy (f)	صينية قابلة للطيّ
vigia (f)	ʃubbāk aṭ ṭā'ira (m)	شبّاك الطائرة
passagem (f)	mamarr (m)	ممرّ

142. Comboio

comboio (m)	qiṭār (m)	قطار
comboio (m) suburbano	qiṭār (m)	قطار
comboio (m) rápido	qiṭār sarīʿ (m)	قطار سريع
locomotiva (f) diesel	qāṭirat dīzil (f)	قاطرة ديزل
locomotiva (f) a vapor	qāṭira buxāriyya (f)	قاطرة بخاريّة

carruagem (f)	ʿaraba (f)	عربة
carruagem restaurante (f)	ʿarabat al maṭʿam (f)	عربة المطعم

carris (m pl)	quḍubān (pl)	قضبان
caminho de ferro (m)	sikka ḥadīdiyya (f)	سكّة حديديّة
travessa (f)	ʿāriḍa (f)	عارضة

plataforma (f)	raṣīf (m)	رصيف
linha (f)	xaṭṭ (m)	خطّ
semáforo (m)	simafūr (m)	سيمافور
estação (f)	maḥaṭṭa (f)	محطّة

maquinista (m)	sāʾiq (m)	سائق
bagageiro (m)	ḥammāl (m)	حمّال
hospedeiro, -a (da carruagem)	masʿūl ʿarabat al qiṭār (m)	مسؤول عربة القطار
passageiro (m)	rākib (m)	راكب
revisor (m)	kamsariy (m)	كمسريّ

corredor (m)	mamarr (m)	ممرّ
freio (m) de emergência	farāmil aṭ ṭawāriʾ (pl)	فرامل الطوارئ

compartimento (m)	yurfa (f)	غرفة
cama (f)	sarīr (m)	سرير
cama (f) de cima	sarīr ʿulwiy (m)	سرير علويّ
cama (f) de baixo	sarīr sufliy (m)	سرير سفليّ
roupa (f) de cama	ayṭiyat as sarīr (pl)	أغطية السرير

bilhete (m)	taðkira (f)	تذكرة
horário (m)	ʒadwal (m)	جدول
painel (m) de informação	lawḥat maʿlūmāt (f)	لوحة معلومات

partir (vt)	yādar	غادر
partida (f)	muyādara (f)	مغادرة
chegar (vi)	waṣal	وصل
chegada (f)	wuṣūl (m)	وصول

chegar de comboio	waṣal bil qiṭār	وصل بالقطار
apanhar o comboio	rakib al qiṭār	ركب القطار
sair do comboio	nazil min al qiṭār	نزل من القطار

acidente (m) ferroviário	ḥiṭām qiṭār (m)	حطام قطار
descarrilar (vi)	xaraʒ ʿan xaṭṭ sayrih	خرج عن خطّ سيره
locomotiva (f) a vapor	qāṭira buxāriyya (f)	قاطرة بخاريّة
fogueiro (m)	ʿaṭaʃʒiy (m)	عطشجيّ
fornalha (f)	furn al muḥarrik (m)	فرن المحرّك
carvão (m)	faḥm (m)	فحم

143. Barco

navio (m)	safīna (f)	سفينة
embarcação (f)	safīna (f)	سفينة
vapor (m)	bāxira (f)	باخرة
navio (m)	bāxira nahriyya (f)	باخرة نهريّة
transatlântico (m)	bāxira siyahiyya (f)	باخرة سياحيّة
cruzador (m)	ṭarrād (m)	طرّاد
iate (m)	yaxt (m)	يخت
rebocador (m)	qāṭira (f)	قاطرة
barcaça (f)	ṣandal (m)	صندل
ferry (m)	'abbāra (f)	عبّارة
veleiro (m)	safīna ʃirā'iyya (m)	سفينة شراعيّة
bergantim (m)	markab ʃirā'iy (m)	مركب شراعيّ
quebra-gelo (m)	muhaṭṭimat ʒalīd (f)	محطّمة جليد
submarino (m)	ɣawwāṣa (f)	غوّاصة
bote, barco (m)	markab (m)	مركب
bote, dingue (m)	zawraq (m)	زورق
bote (m) salva-vidas	qārib naʒāt (m)	قارب نجاة
lancha (f)	lanʃ (m)	لنش
capitão (m)	qubṭān (m)	قبطان
marinheiro (m)	bahhār (m)	بحّار
marujo (m)	bahhār (m)	بحّار
tripulação (f)	ṭāqim (m)	طاقم
contramestre (m)	ra'īs al bahhāra (m)	رئيس البحّارة
grumete (m)	ṣabiy as safīna (m)	صبي السفينة
cozinheiro (m) de bordo	ṭabbāx (m)	طبّاخ
médico (m) de bordo	ṭabīb as safīna (m)	طبيب السفينة
convés (m)	saṭh as safīna (m)	سطح السفينة
mastro (m)	sāriya (f)	سارية
vela (f)	ʃirā' (m)	شراع
porão (m)	'ambar (m)	عنبر
proa (f)	muqaddama (m)	مقدّمة
popa (f)	mu'axirat as safīna (f)	مؤخّرة السفينة
remo (m)	miʒðāf (m)	مجذاف
hélice (f)	mirwaha (f)	مروحة
camarote (m)	kabīna (f)	كابينة
sala (f) dos oficiais	ɣurfat al istirāha (f)	غرفة الإستراحة
sala (f) das máquinas	qism al 'ālāt (m)	قسم الآلات
ponte (m) de comando	burʒ al qiyāda (m)	برج القيادة
sala (f) de comunicações	ɣurfat al lāsilkiy (f)	غرفة اللاسلكيّ
onda (f) de rádio	mawʒa (f)	موجة
diário (m) de bordo	siʒil as safīna (m)	سجل السفينة
luneta (f)	minẓār (m)	منظار
sino (m)	ʒaras (m)	جرس

bandeira (f)	ʻalam (m)	علم
cabo (m)	ḥabl (m)	حبل
nó (m)	ʻuqda (f)	عقدة

corrimão (m)	drabizīn (m)	درابزين
prancha (f) de embarque	sullam (m)	سلّم

âncora (f)	mirsāt (f)	مرساة
recolher a âncora	rafaʻ mirsāt	رفع مرساة
lançar a âncora	rasa	رسا
amarra (f)	silsilat mirsāt (f)	سلسلة مرساة

porto (m)	mīnāʼ (m)	ميناء
cais, amarradouro (m)	marsa (m)	مرسى
atracar (vi)	rasa	رسا
desatracar (vi)	aqlaʻ	أقلع

viagem (f)	riḥla (f)	رحلة
cruzeiro (m)	riḥla baḥriyya (f)	رحلة بحرية
rumo (m), rota (f)	masār (m)	مسار
itinerário (m)	ṭarīq (m)	طريق

canal (m) navegável	maʒra milāḥiy (m)	مجرى ملاحيّ
banco (m) de areia	miyāh ḍaḥla (f)	مياه ضحلة
encalhar (vt)	ʒanaḥ	جنح

tempestade (f)	ʻāṣifa (f)	عاصفة
sinal (m)	iʃāra (f)	إشارة
afundar-se (vr)	ɣariq	غرق
Homem ao mar!	saqaṭ raʒul min as safīna!	سقط رجل من السفينة!
SOS	nidāʼ iɣāθa (m)	نداء إغاثة
boia (f) salva-vidas	ṭawq naʒāt (m)	طوق نجاة

144. Aeroporto

aeroporto (m)	maṭār (m)	مطار
avião (m)	ṭāʼira (f)	طائرة
companhia (f) aérea	ʃarikat ṭayarān (f)	شركة طيران
controlador (m) de tráfego aéreo	marāqib al ḥaraka al ʒawwiyya (pl)	مراقب الحركة الجويّة

partida (f)	muɣādara (f)	مغادرة
chegada (f)	wuṣūl (m)	وصول
chegar (~ de avião)	waṣal	وصل

hora (f) de partida	waqt al muɣādara (m)	وقت المغادرة
hora (f) de chegada	waqt al wuṣūl (m)	وقت الوصول

estar atrasado	taʼaxxar	تأخّر
atraso (m) de voo	taʼaxxur ar riḥla (m)	تأخّر الرحلة

painel (m) de informação	lawḥat al maʻlūmāt (f)	لوحة المعلومات
informação (f)	istiʻlāmāt (pl)	إستعلامات
anunciar (vt)	aʻlan	أعلن

voo (m)	riḥla (f)	رحلة
alfândega (f)	ӡamārik (pl)	جمارك
funcionário (m) da alfândega	muwazzaf al ӡamārik (m)	موظف الجمارك

declaração (f) alfandegária	taṣrīḥ ӡumrukiy (m)	تصريح جمركيّ
preencher (vt)	mala'	ملأ
preencher a declaração	mala' at taṣrīḥ	ملأ التصريح
controlo (m) de passaportes	taftīʃ al ӡawāzāt (m)	تفتيش الجوازات

bagagem (f)	aʃ ʃunaṭ (pl)	الشنط
bagagem (f) de mão	ʃunaṭ al yad (pl)	شنط اليد
carrinho (m)	'arabat ʃunaṭ (f)	عربة شنط

aterragem (f)	hubūṭ (m)	هبوط
pista (f) de aterragem	mamarr al hubūṭ (m)	ممرّ الهبوط
aterrar (vi)	habaṭ	هبط
escada (f) de avião	sullam aṭ ṭā'ira (m)	سلم الطائرة

check-in (m)	tasӡīl (m)	تسجيل
balcão (m) do check-in	makān at tasӡīl (m)	مكان التسجيل
fazer o check-in	saӡӡal	سجّل
cartão (m) de embarque	biṭāqat ṣuʿūd (f)	بطاقة صعود
porta (f) de embarque	bawwābat al muɣādara (f)	بوّابة المغادرة

trânsito (m)	tranzīt (m)	ترانزيت
esperar (vi, vt)	intazar	إنتظر
sala (f) de espera	qā'at al muɣādara (f)	قاعة المغادرة
despedir-se de …	waddaʿ	ودّع
despedir-se (vr)	waddaʿ	ودّع

145. Bicicleta. Motocicleta

bicicleta (f)	darrāӡa (f)	درّاجة
scotter, lambreta (f)	skutir (m)	سكوتر
mota (f)	darrāӡa nāriyya (f)	درّاجة ناريّة

ir de bicicleta	rakib ad darrāӡa	ركب الدرّاجة
guiador (m)	miqwad (m)	مقود
pedal (m)	dawwāsa (f)	دوّاسة
travões (m pl)	farāmil (pl)	فرامل
selim (m)	maqʿad (m)	مقعد

bomba (f) de ar	ṭulumba (f)	طلمبة
porta-bagagens (m)	raff al amtiʿa (m)	رفّ الأمتعة
lanterna (f)	miṣbāḥ (m)	مصباح
capacete (m)	xūða (f)	خوذة

roda (f)	'aӡala (f)	عجلة
guarda-lamas (m)	rafraf (m)	رفرف
aro (m)	iṭār (m)	إطار
raio (m)	barmaq al 'aӡala (m)	برمق العجلة

Carros

146. Tipos de carros

carro, automóvel (m)	sayyāra (f)	سيّارة
carro (m) desportivo	sayyāra riyāḍiyya (f)	سيّارة رياضيّة
limusine (f)	limuzīn (m)	ليموزين
todo o terreno (m)	sayyārat ṭuruq wa'ra (f)	سيّارة طرق وعرة
descapotável (m)	kabriulīh (m)	كابريوليه
minibus (m)	mikrubāṣ (m)	ميكروباص
ambulância (f)	is'āf (m)	إسعاف
limpa-neve (m)	ʒarrāfat θalʒ (f)	جرّافة ثلج
camião (m)	ʃāḥina (f)	شاحنة
camião-cisterna (m)	nāqilat bitrūl (f)	ناقلة بترول
carrinha (f)	'arabat naql (f)	عربة نقل
camião-trator (m)	ʒarrār (m)	جرّار
atrelado (m)	maqṭūra (f)	مقطورة
confortável	murīḥ	مريح
usado	musta'mal	مستعمل

147. Carros. Carroçaria

capô (m)	kabbūt (m)	كبّوت
guarda-lamas (m)	rafraf (m)	رفرف
tejadilho (m)	saqf (m)	سقف
para-brisa (m)	zuʒāʒ amāmiy (m)	زجاج أماميّ
espelho (m) retrovisor	mir'āt dāxiliyya (f)	مرآة داخليّة
lavador (m)	munaẓẓif az zuʒāʒ (m)	منظّف الزجاج
limpa-para-brisas (m)	massāḥāt (pl)	مسّاحات
vidro (m) lateral	zuʒāʒ ʒānibiy (m)	زجاج جانبيّ
elevador (m) do vidro	mākina zuʒāʒ (f)	ماكينة زجاج
antena (f)	hawā'iy (m)	هوائيّ
teto solar (m)	nāfiðat as saqf (f)	نافذة السقف
para-choques (m pl)	miṣadd as sayyāra (m)	مصدّ السيّارة
bagageira (f)	ṣundūq as sayyāra (m)	صندوق السيّارة
bagageira (f) de tejadilho	raff saqf as sayyāra (m)	رف سقف السيّارة
porta (f)	bāb (m)	باب
maçaneta (f)	ukrat al bāb (f)	أوكرة الباب
fechadura (f)	qifl al bāb (m)	قفل الباب
matrícula (f)	lawḥat raqm as sayyāra (f)	لوحة رقم السيّارة
silenciador (m)	kātim aṣ ṣawt (m)	كاتم الصوت

tanque (m) de gasolina	xazzān al banzīn (m)	خزّان البنزين
tubo (m) de escape	umbūb al 'ādim (m)	أنبوب العادم

acelerador (m)	yāz (m)	غاز
pedal (m)	dawwāsa (f)	دوّاسة
pedal (m) do acelerador	dawwāsat al wuqūd (f)	دوّاسة الوقود

travão (m)	farāmil (pl)	فرامل
pedal (m) do travão	dawwāsat al farāmil (m)	دوّاسة الفرامل
travar (vt)	farmal	فرمل
travão (m) de mão	farmalat al yad (f)	فرملة اليد

embraiagem (f)	ta'ʃīq (m)	تعشيق
pedal (m) da embraiagem	dawwāsat at ta'ʃīq (f)	دوّاسة التعشيق
disco (m) de embraiagem	quṛṣ at ta'ʃīq (m)	قرص التعشيق
amortecedor (m)	mumtaṣṣ liṣ ṣadamāt (m)	ممتصّ الصدمات

roda (f)	'aʒala (f)	عجلة
pneu (m) sobresselente	'aʒala iḥtiyāṭiyya (f)	عجلة احتياطيّة
pneu (m)	iṭār (m)	إطار
tampão (m) de roda	yiṭā' miḥwar al 'aʒala (m)	غطاء محور العجلة

rodas (f pl) motrizes	'aʒalāt al qiyāda (pl)	عجلات القيادة
de tração dianteira	daf' amāmiy (m)	دفع أماميّ
de tração traseira	daf' xalfiy (m)	دفع خلفيّ
de tração às 4 rodas	daf' rubā'iy (m)	دفع رباعيّ

caixa (f) de mudanças	ṣundūq at turūs (m)	صندوق التروس
automático	utumatīkiy	أوتوماتيكيّ
mecânico	yadawiy	يدويّ
alavanca (f) das mudanças	nāqil as sur'a (m)	ناقل السرعة

farol (m)	al miṣbāḥ al amāmiy (m)	المصباح الأماميّ
faróis, luzes	al maṣābīḥ al amāmiyya (pl)	المصابيح الأماميّة

médios (m pl)	al anwār al munxafiḍa (pl)	الأنوار المنخفضة
máximos (m pl)	al anwār al 'āliya (m)	الأنوار العالية
luzes (f pl) de stop	ḍū' al farāmil (m)	ضوء الفرامل

mínimos (m pl)	aḍwā' ʒānibiyya (pl)	أضواء جانبيّة
luzes (f pl) de emergência	aḍwā' at taḥḏīr (pl)	أضواء التحذير
faróis (m pl) antinevoeiro	aḍwā' aḍ ḍabāb (pl)	أضواء الضباب
pisca-pisca (m)	iʃārat al in'iṭāf (f)	إشارة الإنعطاف
luz (f) de marcha atrás	miṣbāḥ ar ruʒū' lil xalf (m)	مصباح الرجوع للخلف

148. Carros. Habitáculo

interior (m) do carro	ṣālūn as sayyāra (m)	صالون السيّارة
de couro, de pele	min al ʒild	من الجلد
de veludo	min al muxmal	من المخمل
estofos (m pl)	tanʒīd (m)	تنجيد

indicador (m)	ʒihāz (m)	جهاز
painel (m) de instrumentos	lawḥat at taḥakkum (f)	لوحة التحكم

| velocímetro (m) | 'addād sur'a (m) | عدّاد سرعة |
| ponteiro (m) | mu'aʃʃir (m) | مؤشّر |

conta-quilómetros (m)	'addād al masāfāt (m)	عدّاد المسافات
sensor (m)	'addād (m)	عدّاد
nível (m)	mustawa (m)	مستوى
luz (f) avisadora	lammbat inðār (f)	لمبة إنذار

volante (m)	miqwad (m)	مقود
buzina (f)	zāmūr (m)	زامور
botão (m)	zirr (m)	زرّ
interruptor (m)	nāqil, miftāḥ (m)	ناقل، مفتاح

assento (m)	maq'ad (m)	مقعد
costas (f pl) do assento	misnad aẓ ẓahr (m)	مسند الظهر
cabeceira (f)	masnad ar ra's (m)	مسند الرأس
cinto (m) de segurança	ḥizām al amn (m)	حزام الأمن
apertar o cinto	rabaṭ al ḥizām	ربط الحزام
regulação (f)	ḍabṭ (m)	ضبط

| airbag (m) | wisāda hawā'iyya (f) | وسادة هوائية |
| ar (m) condicionado | takyīf (m) | تكييف |

rádio (m)	iðā'a (f)	إذاعة
leitor (m) de CD	muʃayyil sidi (m)	مشغّل سي دي
ligar (vt)	fataḥ, ʃayyal	فتح، شغّل
antena (f)	hawā'iy (m)	هوائيّ
porta-luvas (m)	durʒ (m)	درج
cinzeiro (m)	ṭaqṭūqa (f)	طقطوقة

149. Carros. Motor

motor (m)	muḥarrik (m)	محرّك
motor (m)	mutūr (m)	موتور
diesel	dīzil	ديزل
a gasolina	'alal banzīn	على البنزين

cilindrada (f)	si'at al muḥarrik (f)	سعة المحرّك
potência (f)	qudra (f)	قدرة
cavalo-vapor (m)	ḥiṣān (m)	حصان
pistão (m)	mikbas (m)	مكبس
cilindro (m)	usṭuwāna (f)	أسطوانة
válvula (f)	ṣimām (m)	صمام

injetor (m)	ʒihāz baxxāx (f)	جهاز بخّاخ
gerador (m)	muwallid (m)	مولّد
carburador (m)	karburātir (m)	كاربراتير
óleo (m) para motor	zayt al muḥarrik (m)	زيت المحرّك

radiador (m)	mubarrid al muḥarrik (m)	مبرّد المحرّك
refrigerante (m)	mādda mubarrida (f)	مادّة مبرّدة
ventilador (m)	mirwaḥa (f)	مروحة
bateria (f)	baṭṭāriyya (f)	بطّارية
dispositivo (m) de arranque	miftāḥ at taʃyīl (m)	مفتاح التشغيل

ignição (f)	niẓām tafɣīl (m)	نظام تشغيل
vela (f) de ignição	fam'at al ihtirāq (f)	شمعة الاحتراق
borne (m)	ṭaraf tawṣīl (m)	طرف توصيل
borne (m) positivo	ṭaraf mūʒab (m)	طرف موجب
borne (m) negativo	ṭaraf sālib (m)	طرف سالب
fusível (m)	fāṣima (f)	فاصمة
filtro (m) de ar	miṣfāt al hawā' (f)	مصفاة الهواء
filtro (m) de óleo	miṣfāt az zayt (f)	مصفاة الزيت
filtro (m) de combustível	miṣfāt al banzīn (f)	مصفاة البنزين

150. Carros. Batidas. Reparação

acidente (m) de carro	ḥādiθ sayyāra (f)	حادث سيّارة
acidente (m) rodoviário	ḥādiθ murūriy (m)	حادث مروريّ
ir contra ...	iṣtadam	إصطدم
sofrer um acidente	tahaṭṭam	تحطّم
danos (m pl)	xasāra (f)	خسارة
intato	salīm	سليم
avariar (vi)	ta'aṭṭal	تعطّل
cabo (m) de reboque	ḥabl as saḥb (m)	حبل السحب
furo (m)	θuqb (m)	ثقب
estar furado	faʃ	فش
encher (vt)	nafax	نفخ
pressão (f)	ḍayṭ (m)	ضغط
verificar (vt)	ixtabar	إختبر
reparação (f)	iṣlāḥ (m)	إصلاح
oficina (f)	warfat iṣlāḥ as sayyārāt (f)	ورشة إصلاح السيّارات
de reparação de carros		
peça (f) sobresselente	qiṭ'at ɣiyār (f)	قطعة غيار
peça (f)	qiṭ'a (f)	قطعة
parafuso (m)	mismār qalāwūz (m)	مسمار قلاووظ
parafuso (m)	burɣiy (m)	برغيّ
porca (f)	ṣamūla (f)	صامولة
anilha (f)	ḥalqa (f)	حلقة
rolamento (m)	maḥmal (m)	محمل
tubo (m)	umbūba (f)	أنبوبة
junta (f)	'azaqa (f)	عزقة
fio, cabo (m)	silk (m)	سلك
macaco (m)	rāfi'at sayyāra (f)	رافعة سيّارة
chave (f) de boca	miftāḥ aṣ ṣawāmīl (m)	مفتاح الصواميل
martelo (m)	miṭraqa (f)	مطرقة
bomba (f)	ṭulumba (f)	طلمبة
chave (f) de fendas	mifakk (m)	مفكّ
extintor (m)	miṭfa'at ḥarīq (f)	مطفأة حريق
triângulo (m) de emergência	muθallaθ taḥ̣ḏīr (m)	مثلث تحذير

parar (vi) (motor)	tawaqqaf	توقّف
paragem (f)	tawaqquf (m)	توقّف
estar quebrado	kān maksūran	كان مكسورًا

superaquecer-se (vr)	saχan bi ʃidda	سخن بشدّة
entupir-se (vr)	kān masdūdan	كان مسدودًا
congelar-se (vr)	taʒammad	تجمّد
rebentar (vi)	infaʒar	إنفجر

pressão (f)	daɣt (m)	ضغط
nível (m)	mustawa (m)	مستوى
frouxo	daʕīf	ضعيف

mossa (f)	baʕʒa (f)	بعجة
ruído (m)	daqq (m)	دقّ
fissura (f)	ʃaqq (m)	شقّ
arranhão (m)	χadʃ (m)	خدش

151. Carros. Estrada

estrada (f)	tarīq (m)	طريق
autoestrada (f)	tarīq sarīʕ (m)	طريق سريع
rodovia (f)	tarīq sarīʕ (m)	طريق سريع
direção (f)	ittiʒāh (m)	إتّجاه
distância (f)	masāfa (f)	مسافة

ponte (f)	ʒisr (m)	جسر
parque (m) de estacionamento	mawqif as sayyārāt (m)	موقف السيّارات
praça (f)	maydān (m)	ميدان
nó (m) rodoviário	taqātuʕ turuq (m)	تقاطع طرق
túnel (m)	nafaq (m)	نفق

posto (m) de gasolina	mahattat banzīn (f)	محطّة بنزين
parque (m) de estacionamento	mawqif as sayyārāt (m)	موقف السيّارات
bomba (f) de gasolina	midaχχat banzīn (f)	مضخّة بنزين
oficina (f) de reparação de carros	warʃat iṣlāh as sayyārāt (f)	ورشة إصلاح السيّارات
abastecer (vt)	mala' bil wuqūd	ملأ بالوقود
combustível (m)	wuqūd (m)	وقود
bidão (m) de gasolina	ʒirikan (m)	جركن

asfalto (m)	asfalt (m)	أسفلت
marcação (f) de estradas	ʕalāmāt at tarīq (pl)	علامات الطريق
lancil (m)	hāffat ar raṣīf (f)	حافة الرصيف
proteção (f) guard-rail	sūr (m)	سور
valeta (f)	qanāt (f)	قناة
berma (f) da estrada	hāffat at tarīq (f)	حافة الطريق
poste (m) de luz	ʕamūd nūr (m)	عمود نور

conduzir, guiar (vt)	sāq	ساق
virar (ex. ~ à direita)	inʕataf	إنعطف
dar retorno	istadār lil χalf	إستدار للخلف
marcha-atrás (f)	haraka ilal warā' (f)	حركة إلى الوراء
buzinar (vi)	zammar	زمّر

buzina (f)	ṣawṭ az zāmūr (m)	صوت الزامور
atolar-se (vr)	waḥil	وحل
patinar (na lama)	dawwar al 'aӡala	دوّر العجلة
desligar (vt)	awqaf	أوقف

velocidade (f)	sur'a (f)	سرعة
exceder a velocidade	taӡāwaz as sur'a al quṣwa	تجاوز السرعة القصوى
multar (vt)	faraḍ ɣarāma	فرض غرامة
semáforo (m)	iʃārāt al murūr (pl)	إشارات المرور
carta (f) de condução	ruxṣat al qiyāda (f)	رخصة قيادة

passagem (f) de nível	ma'bar (m)	معبر
cruzamento (m)	taqāṭu' (m)	تقاطع
passadeira (f)	ma'bar al muʃāt (m)	معبر المشاة
curva (f)	mun'aṭif (m)	منعطف
zona (f) pedonal	makān muxaṣṣaṣ lil muʃāt (f)	مكان مخصّص للمشاة

PESSOAS. EVENTOS

Eventos

152. Férias. Evento

festa (f)	ʿīd (m)	عيد
festa (f) nacional	ʿīd waṭaniy (m)	عيد وطنيّ
feriado (m)	yawm al ʿuṭla ar rasmiyya (m)	يوم العطلة الرسمية
festejar (vt)	iḥtafal	إحتفل

evento (festa, etc.)	ḥadaθ (m)	حدث
evento (banquete, etc.)	munasaba (f)	مناسبة
banquete (m)	walīma (f)	وليمة
receção (f)	ḥaflat istiqbāl (f)	حفلة إستقبال
festim (m)	walīma (f)	وليمة

aniversário (m)	ðikra sanawiyya (f)	ذكرى سنويّة
jubileu (m)	yubīl (m)	يوبيل
celebrar (vt)	iḥtafal	إحتفل

Ano (m) Novo	ra's as sana (m)	رأس السنة
Feliz Ano Novo!	kull sana wa anta ṭayyib!	كلّ سنة وأنت طيّب!
Pai (m) Natal	baba nuwīl (m)	بابا نويل

Natal (m)	ʿīd al mīlād (m)	عيد الميلاد
Feliz Natal!	ʿīd mīlād saʿīd!	عيد ميلاد سعيد!
árvore (f) de Natal	ʃaʒarat ra's as sana (f)	شجرة رأس السنة
fogo (m) de artifício	alʿāb nāriyya (pl)	ألعاب ناريّة

boda (f)	zifāf (m)	زفاف
noivo (m)	ʿarīs (m)	عريس
noiva (f)	ʿarūsa (f)	عروسة

convidar (vt)	daʿa	دعا
convite (m)	biṭāqat daʿwa (f)	بطاقة دعوة

convidado (m)	ḍayf (m)	ضيف
visitar (vt)	zār	زار
receber os hóspedes	istaqbal aḍ ḍuyūf	إستقبل الضيوف

presente (m)	hadiyya (f)	هديّة
oferecer (vt)	qaddam	قدّم
receber presentes	istalam al hadāya	إستلم الهدايا
ramo (m) de flores	bāqat zuhūr (f)	باقة زهور

felicitações (f pl)	tahnī'a (f)	تهنئة
felicitar (dar os parabéns)	hanna'	هنّأ
cartão (m) de parabéns	biṭāqat tahnī'a (f)	بطاقة تهنئة

| enviar um postal | arsal biṭāqat tahni'a | أرسل بطاقة تهنئة |
| receber um postal | istalam biṭāqat tahnī'a | إستلم بطاقة تهنئة |

brinde (m)	naxb (m)	نخب
oferecer (vt)	dayyaf	ضيّف
champanhe (m)	ʃambāniya (f)	شمبانيا

divertir-se (vr)	istamtaʿ	إستمتع
diversão (f)	farah (m)	فرح
alegria (f)	saʿāda (f)	سعادة

| dança (f) | rāqiṣa (f) | رقصة |
| dançar (vi) | raqaṣ | رقص |

| valsa (f) | vāls (m) | فالس |
| tango (m) | tāngu (m) | تانجو |

153. Funerais. Enterro

cemitério (m)	maqbara (f)	مقبرة
sepultura (f), túmulo (m)	qabr (m)	قبر
cruz (f)	ṣalīb (m)	صليب
lápide (f)	ʃāhid al qabr (m)	شاهد القبر
cerca (f)	sūr (m)	سور
capela (f)	kanīsa sayīra (f)	كنيسة صغيرة

morte (f)	mawt (m)	موت
morrer (vi)	māt	مات
defunto (m)	al mutawaffi (m)	المتوفّي
luto (m)	ḥidād (m)	حداد

enterrar, sepultar (vt)	dafan	دفن
agência (f) funerária	bayt al ʒanāzāt (m)	بيت الجنازات
funeral (m)	ʒanāza (f)	جنازة
coroa (f) de flores	iklīl (m)	إكليل
caixão (m)	tābūt (m)	تابوت
carro (m) funerário	sayyārat naql al mawta (f)	سيّارة نقل الموتى
mortalha (f)	kafan (m)	كفن

procissão (f) funerária	ʒanāza (f)	جنازة
urna (f) funerária	qārūra li ḥifẓ ramād al mawta (f)	قارورة لحفظ رماد الموتى
crematório (m)	maḥraqat ʒuθaθ al mawta (f)	محرقة جثث الموتى

obituário (m), necrologia (f)	naʿiy (m)	نعيّ
chorar (vi)	baka	بكى
soluçar (vi)	naḥab	نحب

154. Guerra. Soldados

| pelotão (m) | faṣīla (f) | فصيلة |
| companhia (f) | sariyya (f) | سريّة |

regimento (m)	faw3 (m)	فوج
exército (m)	3ayʃ (m)	جيش
divisão (f)	firqa (f)	فرقة

| destacamento (m) | waḥda (f) | وحدة |
| hoste (f) | 3ayʃ (m) | جيش |

| soldado (m) | 3undiy (m) | جنديّ |
| oficial (m) | ḍābiṭ (m) | ضابط |

soldado (m) raso	3undiy (m)	جنديّ
sargento (m)	raqīb (m)	رقيب
tenente (m)	mulāzim (m)	ملازم
capitão (m)	naqīb (m)	نقيب
major (m)	rāʾid (m)	رائد
coronel (m)	ʿaqīd (m)	عقيد
general (m)	3inirāl (m)	جنرال

marujo (m)	baḥḥār (m)	بحّار
capitão (m)	qubṭān (m)	قبطان
contramestre (m)	raʾīs al baḥḥāra (m)	رئيس البحّارة

artilheiro (m)	madfaʿiy (m)	مدفعيّ
soldado (m) paraquedista	3undiy al maẓallāt (m)	جنديّ المظلّات
piloto (m)	ṭayyār (m)	طيّار
navegador (m)	mallāḥ (m)	ملّاح
mecânico (m)	mikanīkiy (m)	ميكانيكيّ

sapador (m)	muhandis ʿaskariy (m)	مهندس عسكريّ
paraquedista (m)	miẓalliy (m)	مظلّيّ
explorador (m)	mustakʃif (m)	مستكشف
franco-atirador (m)	qannāṣ (m)	قنّاص

patrulha (f)	dawriyya (f)	دوريّة
patrulhar (vt)	qām bi dawriyya	قام بدوريّة
sentinela (f)	ḥāris (m)	حارس

| guerreiro (m) | muḥārib (m) | محارب |
| patriota (m) | waṭaniy (m) | وطنيّ |

| herói (m) | baṭal (m) | بطل |
| heroína (f) | baṭala (f) | بطلة |

| traidor (m) | χāʾin (m) | خائن |
| trair (vt) | χān | خان |

| desertor (m) | hārib min al 3ayʃ (m) | هارب من الجيش |
| desertar (vt) | harab min al 3ayʃ | هرب من الجيش |

mercenário (m)	maʾ3ūr (m)	مأجور
recruta (m)	3undiy 3adīd (m)	جنديّ جديد
voluntário (m)	mutaṭawwiʿ (m)	متطوّع

morto (m)	qatīl (m)	قتيل
ferido (m)	3arīḥ (m)	جريح
prisioneiro (m) de guerra	asīr (m)	أسير

155. Guerra. Ações militares. Parte 1

guerra (f)	ḥarb (f)	حرب
guerrear (vt)	ḥārab	حارب
guerra (f) civil	ḥarb ahliyya (f)	حرب أهليّة
perfidamente	ɣadran	غدرًا
declaração (f) de guerra	i'lān ḥarb (m)	إعلان حرب
declarar (vt) guerra	a'lan	أعلن
agressão (f)	'udwān (m)	عدوان
atacar (vt)	haʒam	هجم
invadir (vt)	iḥtall	إحتلّ
invasor (m)	muḥtall (m)	محتلّ
conquistador (m)	fātiḥ (m)	فاتح
defesa (f)	difā' (m)	دفاع
defender (vt)	dāfa'	دافع
defender-se (vr)	dāfa' 'an nafsih	دافع عن نفسه
inimigo (m)	'aduww (m)	عدوّ
adversário (m)	xaṣm (m)	خصم
inimigo	'aduww	عدوّ
estratégia (f)	istratiʒiyya (f)	إستراتيجيّة
tática (f)	taktīk (m)	تكتيك
ordem (f)	amr (m)	أمر
comando (m)	amr (m)	أمر
ordenar (vt)	amar	أمر
missão (f)	muhimma (f)	مهمّة
secreto	sirriy	سرّيّ
batalha (f)	ma'raka (f)	معركة
combate (m)	qitāl (m)	قتال
ataque (m)	huʒūm (m)	هجوم
assalto (m)	inqiḍāḍ (m)	إنقضاض
assaltar (vt)	inqaḍḍ	إنقضّ
assédio, sítio (m)	ḥiṣār (m)	حصار
ofensiva (f)	huʒūm (m)	هجوم
passar à ofensiva	haʒam	هجم
retirada (f)	insiḥāb (m)	إنسحاب
retirar-se (vr)	insaḥab	إنسحب
cerco (m)	iḥāṭa (f)	إحاطة
cercar (vt)	aḥāṭ	أحاط
bombardeio (m)	qaṣf (m)	قصف
lançar uma bomba	asqaṭ qumbula	أسقط قنبلة
bombardear (vt)	qaṣaf	قصف
explosão (f)	infiʒār (m)	إنفجار
tiro (m)	ṭalaqa (f)	طلقة

| disparar um tiro | aṭlaq an nār | أطلق النار |
| tiroteio (m) | iṭlāq an nār (m) | إطلاق النار |

apontar para ...	ṣawwab	صوّب
apontar (vt)	ṣawwab	صوّب
acertar (vt)	aṣāb al hadaf	أصاب الهدف

afundar (um navio)	aɣraq	أغرق
brecha (f)	θuqb (m)	ثقب
afundar-se (vr)	ɣariq	غرق

frente (m)	ʒabha (f)	جبهة
evacuação (f)	iχlā' aṭ ṭawāri' (m)	إخلاء الطوارئ
evacuar (vt)	aχla	أخلى

trincheira (f)	χandaq (m)	خندق
arame (m) farpado	aslāk ʃā'ika (pl)	أسلاك شائكة
obstáculo (m) anticarro	ḥāʒiz (m)	حاجز
torre (f) de vigia	burʒ muraqaba (m)	برج مراقبة

hospital (m)	mustaʃfa 'askariy (m)	مستشفى عسكري
ferir (vt)	ʒaraḥ	جرح
ferida (f)	ʒurḥ (m)	جرح
ferido (m)	ʒarīḥ (m)	جريح
ficar ferido	uṣīb bil ʒirāḥ	أصيب بالجراح
grave (ferida ~)	χaṭīr	خطير

156. Armas

arma (f)	asliḥa (pl)	أسلحة
arma (f) de fogo	asliḥa nāriyya (pl)	أسلحة نارية
arma (f) branca	asliḥa bayḍā' (pl)	أسلحة بيضاء

arma (f) química	asliḥa kīmyā'iyya (pl)	أسلحة كيميائية
nuclear	nawawiy	نووي
arma (f) nuclear	asliḥa nawawiyya (pl)	أسلحة نووية

| bomba (f) | qumbula (f) | قنبلة |
| bomba (f) atómica | qumbula nawawiyya (f) | قنبلة نووية |

pistola (f)	musaddas (m)	مسدس
caçadeira (f)	bunduqiyya (f)	بندقية
pistola-metralhadora (f)	bunduqiyya huʒūmiyya (f)	بندقية هجومية
metralhadora (f)	raʃʃāʃ (m)	رشّاش

boca (f)	fūha (f)	فوهة
cano (m)	sabṭāna (f)	سبطانة
calibre (m)	'iyār (m)	عيار

gatilho (m)	zinād (m)	زناد
mira (f)	muṣawwib (m)	مصوّب
carregador (m)	maχzan (m)	مخزن
coronha (f)	'aqab al bunduqiyya (m)	عقب البندقية
granada (f) de mão	qumbula yadawiyya (f)	قنبلة يدوية

explosivo (m)	mawādd mutafaʒʒira (pl)	مواد متفجرة
bala (f)	ruṣāṣa (f)	رصاصة
cartucho (m)	xartūʃa (f)	خرطوشة
carga (f)	haʃwa (f)	حشوة
munições (f pl)	ðaxā'ir (pl)	ذخائر

bombardeiro (m)	qāðifat qanābil (f)	قاذفة قنابل
avião (m) de caça	ṭā'ira muqātila (f)	طائرة مقاتلة
helicóptero (m)	hiliukūbtir (m)	هليكوبتر

canhão (m) antiaéreo	madfaθ muḍādd liṭ ṭa'irāṭ (m)	مدفع مضاد للطائرات
tanque (m)	dabbāba (f)	دبابة
canhão (de um tanque)	madfa' ad dabbāba (m)	مدفع الدبابة

artilharia (f)	madfaʿiyya (f)	مدفعية
canhão (m)	madfaʿ (m)	مدفع
fazer a pontaria	ṣawwab	صوب

obus (m)	qaðīfa (f)	قذيفة
granada (f) de morteiro	qumbula hāwun (f)	قنبلة هاون
morteiro (m)	hāwun (m)	هاون
estilhaço (m)	ʃaziyya (f)	شظية

submarino (m)	γawwāṣa (f)	غواصة
torpedo (m)	ṭurbīd (m)	طوربيد
míssil (m)	ṣārūx (m)	صاروخ

carregar (uma arma)	haʃa	حشا
atirar, disparar (vi)	aṭlaq an nār	أطلق النار
apontar para …	ṣawwab	صوب
baioneta (f)	harba (f)	حربة

espada (f)	ʃīʃ (m)	شيش
sabre (m)	sayf munhani (m)	سيف منحن
lança (f)	rumh (m)	رمح
arco (m)	qaws (m)	قوس
flecha (f)	sahm (m)	سهم
mosquete (m)	muskīt (m)	مسكيت
besta (f)	qaws musta'raḍ (m)	قوس مستعرض

157. Povos da antiguidade

primitivo	bidā'iy	بدائي
pré-histórico	ma qabl at tarīx	ما قبل التاريخ
antigo	qadīm	قديم

Idade (f) da Pedra	al ʿaṣr al haʒariy (m)	العصر الحجري
Idade (f) do Bronze	al ʿaṣr al brunziy (m)	العصر البرونزي
período (m) glacial	al ʿaṣr al ʒalīdiy (m)	العصر الجليدي

tribo (f)	qabīla (f)	قبيلة
canibal (m)	'ākil lahm al baʃar (m)	آكل لحم البشر
caçador (m)	ṣayyād (m)	صياد
caçar (vi)	iṣṭād	إصطاد

mamute (m)	mamūθ (m)	ماموث
caverna (f)	kahf (m)	كهف
fogo (m)	nār (f)	نار
fogueira (f)	nār muxayyam (m)	نار مخيّم
pintura (f) rupestre	rasm fil kahf (m)	رسم في الكهف

ferramenta (f)	adāt (f)	أداة
lança (f)	rumḥ (m)	رمح
machado (m) de pedra	fa's haჳariy (m)	فأس حجريّ
guerrear (vt)	ḥārab	حارب
domesticar (vt)	daჳჳan	دجّن

ídolo (m)	ṣanam (m)	صنم
adorar, venerar (vt)	'abad	عبد
superstição (f)	xurāfa (f)	خرافة
ritual (m)	mansak (m)	منسك

evolução (f)	taṭawwur (m)	تطوّر
desenvolvimento (m)	numuww (m)	نمو
desaparecimento (m)	ixtifā' (m)	إختفاء
adaptar-se (vr)	takayyaf	تكيّف

arqueologia (f)	'ilm al 'āθār (m)	علم الآثار
arqueólogo (m)	'ālim 'āθār (m)	عالم آثار
arqueológico	aθariy	أثريّ

local (m) das escavações	mawqi' ḥafr (m)	موقع حفر
escavações (f pl)	tanqīb (m)	تنقيب
achado (m)	iktiʃāf (m)	إكتشاف
fragmento (m)	qiṭ'a (f)	قطعة

158. Idade média

povo (m)	ʃaʿb (m)	شعب
povos (m pl)	ʃuʿūb (pl)	شعوب
tribo (f)	qabīla (f)	قبيلة
tribos (f pl)	qabā'il (pl)	قبائل

bárbaros (m pl)	al barābira (pl)	البرابرة
gauleses (m pl)	al ɣalyūn (pl)	الغاليون
godos (m pl)	al qūṭiyyūn (pl)	القوطيّون
eslavos (m pl)	as silāf (pl)	السلاف
víquingues (m pl)	al vaykinɣ (pl)	الفايكينغ

romanos (m pl)	ar rūmān (pl)	الرومان
romano	rumāniy	رومانيّ

bizantinos (m pl)	bizanṭiyyūn (pl)	بيزنطيّون
Bizâncio	bīzanṭa (f)	بيزنطة
bizantino	bizanṭiy	بيزنطيّ

imperador (m)	imbiraṭūr (m)	إمبراطور
líder (m)	zaʿīm (m)	زعيم
poderoso	qawiy	قويّ

rei (m)	malik (m)	ملك
governante (m)	ḥākim (m)	حاكم
cavaleiro (m)	fāris (m)	فارس
senhor feudal (m)	iqṭāʿiy (m)	إقطاعي
feudal	iqṭāʿiy	إقطاعي
vassalo (m)	muqṭaʿ (m)	مقطع
duque (m)	dūq (m)	دوق
conde (m)	īrl (m)	إيرل
barão (m)	barūn (m)	بارون
bispo (m)	usquf (m)	أسقف
armadura (f)	dirʿ (m)	درع
escudo (m)	turs (m)	ترس
espada (f)	sayf (m)	سيف
viseira (f)	ḥāffa amāmiyya lil χūða (f)	حافة أمامية للخوذة
cota (f) de malha	dirʿ az zarad (m)	درع الزرد
cruzada (f)	ḥamla ṣalībiyya (f)	حملة صليبية
cruzado (m)	ṣalībiy (m)	صليبي
território (m)	arḍ (f)	أرض
atacar (vt)	haʒam	هجم
conquistar (vt)	fataḥ	فتح
ocupar, invadir (vt)	iḥtall	إحتلّ
assédio, sítio (m)	ḥiṣār (m)	حصار
sitiado	muḥāṣar	محاصر
assediar, sitiar (vt)	ḥāṣar	حاصر
inquisição (f)	maḥākim at taftīʃ (pl)	محاكم التفتيش
inquisidor (m)	mufattiʃ (m)	مفتّش
tortura (f)	taʿðīb (m)	تعذيب
cruel	qās	قاس
herege (m)	harṭūqiy (m)	هرطوقي
heresia (f)	harṭaqa (f)	هرطقة
navegação (f) marítima	as safar bil baḥr (m)	السفر بالبحر
pirata (m)	qurṣān (m)	قرصان
pirataria (f)	qarṣana (f)	قرصنة
abordagem (f)	muhāʒmat safīna (f)	مهاجمة سفينة
presa (f), butim (m)	ɣanīma (f)	غنيمة
tesouros (m pl)	kunūz (pl)	كنوز
descobrimento (m)	iktiʃāf (m)	إكتشاف
descobrir (novas terras)	iktaʃaf	إكتشف
expedição (f)	baʿθa (f)	بعثة
mosqueteiro (m)	fāris (m)	فارس
cardeal (m)	kardināl (m)	كاردينال
heráldica (f)	ʃiʿārāt an nabāla (pl)	شعارات النبالة
heráldico	χāṣṣ bi ʃiʿārāt an nabāla	خاصّ بشعارات النبالة

159. Líder. Chefe. Autoridades

rei (m)	malik (m)	ملك
rainha (f)	malika (f)	ملكة
real	malakiy	ملكيّ
reino (m)	mamlaka (f)	مملكة

| príncipe (m) | amīr (m) | أمير |
| princesa (f) | amīra (f) | أميرة |

presidente (m)	raʾīs (m)	رئيس
vice-presidente (m)	nāʾib ar raʾīs (m)	نائب الرئيس
senador (m)	ʿuḍw maʒlis aʃ ʃuyūχ (m)	عضو مجلس الشيوخ

monarca (m)	ʿāhil (m)	عاهل
governante (m)	ḥākim (m)	حاكم
ditador (m)	diktatūr (m)	ديكتاتور
tirano (m)	ṭāγiya (f)	طاغية
magnata (m)	raʾsmāliy kabīr (m)	رأسمالي كبير

diretor (m)	mudīr (m)	مدير
chefe (m)	raʾīs (m)	رئيس
dirigente (m)	mudīr (m)	مدير
patrão (m)	raʾīs (m), mudīr (m)	رئيس, مدير
dono (m)	ṣāḥib (m)	صاحب

líder, chefe (m)	zaʾīm (m)	زعيم
chefe (~ de delegação)	raʾīs (m)	رئيس
autoridades (f pl)	suluṭāt (pl)	سلطات
superiores (m pl)	ruʾasāʾ (pl)	رؤساء

governador (m)	muḥāfiẓ (m)	محافظ
cônsul (m)	qunṣul (m)	قنصل
diplomata (m)	diblumāsiy (m)	دبلوماسيّ
Presidente (m) da Câmara	raʾīs al baladiyya (m)	رئيس البلديّة
xerife (m)	ʃarīf (m)	شريف

imperador (m)	imbiraṭūr (m)	إمبراطور
czar (m)	qayṣar (m)	قيصر
faraó (m)	firʿawn (m)	فرعون
cã (m)	χān (m)	خان

160. Viloação da lei. Criminosos. Parte 1

bandido (m)	qāṭiʿ ṭarīq (m)	قاطع طريق
crime (m)	ʒarīma (f)	جريمة
criminoso (m)	muʒrim (m)	مجرم

ladrão (m)	sāriq (m)	سارق
roubar (vt)	saraq	سرق
furto, roubo (m)	sirqa (f)	سرقة
raptar (ex. ~ uma criança)	χataf	خطف
rapto (m)	χaṭf (m)	خطف

raptor (m)	χāṭif (m)	خاطف
resgate (m)	fidya (f)	فدية
pedir resgate	ṭalab fidya	طلب فدية

roubar (vt)	nahab	نهب
assalto, roubo (m)	nahb (m)	نهب
assaltante (m)	nahhāb (m)	نهّاب

extorquir (vt)	balṭaʒ	بلطج
extorsionário (m)	balṭaʒiy (m)	بلطجيّ
extorsão (f)	balṭaʒa (f)	بلطجة

matar, assassinar (vt)	qatal	قتل
homicídio (m)	qatl (m)	قتل
homicida, assassino (m)	qātil (m)	قاتل

tiro (m)	ṭalaqat nār (f)	طلقة نار
dar um tiro	aṭlaq an nār	أطلق النار
matar a tiro	qatal bir ruṣāṣ	قتل بالرصاص
atirar, disparar (vi)	aṭlaq an nār	أطلق النار
tiroteio (m)	iṭlāq an nār (m)	إطلاق النار
incidente (m)	ḥādiθ (m)	حادث
briga (~ de rua)	ʿirāk (m)	عراك
Socorro!	sāʿidni	ساعدني!
vítima (f)	ḍaḥiyya (f)	ضحيّة

danificar (vt)	atlaf	أتلف
dano (m)	χasāra (f)	خسارة
cadáver (m)	ʒuθθa (f)	جثّة
grave	ʿanīf	عنيف

atacar (vt)	haʒam	هجم
bater (espancar)	ḍarab	ضرب
espancar (vt)	ḍarab	ضرب
tirar, roubar (dinheiro)	salab	سلب
esfaquear (vt)	ṭaʿan ḥatta al mawt	طعن حتى الموت
mutilar (vt)	ʃawwah	شوّه
ferir (vt)	ʒaraḥ	جرح

chantagem (f)	balṭaʒa (f)	بلطجة
chantagear (vt)	ibtazz	إبتزّ
chantagista (m)	mubtazz (m)	مبتزّ

extorsão (em troca de proteção)	naṣb (m)	نصب
extorsionário (m)	naṣṣāb (m)	نصّاب
gângster (m)	raʒul ʿiṣāba (m)	رجل عصابة
máfia (f)	māfia (f)	مافيا

carteirista (m)	naʃʃāl (m)	نشّال
assaltante, ladrão (m)	liṣṣ buyūt (m)	لصّ بيوت
contrabando (m)	tahrīb (m)	تهريب
contrabandista (m)	muharrib (m)	مهرّب
falsificação (f)	tazwīr (m)	تزوير
falsificar (vt)	zawwar	زوّر
falsificado	muzawwar	مزوّر

161. Viloação da lei. Criminosos. Parte 2

violação (f)	iɣtiṣāb (m)	إغتصاب
violar (vt)	iɣtaṣab	إغتصب
violador (m)	muɣtaṣib (m)	مغتصب
maníaco (m)	mahwūs (m)	مهووس
prostituta (f)	ʿāhira (f)	عاهرة
prostituição (f)	daʿāra (f)	دعارة
chulo (m)	qawwād (m)	قوّاد
toxicodependente (m)	mudmin muxaddirāt (m)	مدمن مخدّرات
traficante (m)	tāӡir muxaddirāt (m)	تاجر مخدّرات
explodir (vt)	faӡӡar	فجّر
explosão (f)	infiӡār (m)	إنفجار
incendiar (vt)	aʃal an nār	أشعل النار
incendiário (m)	muʃil ḥarīq (m)	مشعل حريق
terrorismo (m)	irhāb (m)	إرهاب
terrorista (m)	irhābiy (m)	إرهابيّ
refém (m)	rahīna (m)	رهينة
enganar (vt)	iḥtāl	إحتال
engano (m)	iḥtiyāl (m)	إحتيال
vigarista (m)	muḥtāl (m)	محتال
subornar (vt)	raʃa	رشا
suborno (atividade)	irtiʃāʾ (m)	إرتشاء
suborno (dinheiro)	raʃwa (f)	رشوة
veneno (m)	samm (m)	سمّ
envenenar (vt)	sammam	سمّم
envenenar-se (vr)	sammam nafsahu	سمّم نفسه
suicídio (m)	intiḥār (m)	إنتحار
suicida (m)	muntaḥir (m)	منتحر
ameaçar (vt)	haddad	هدّد
ameaça (f)	tahdīd (m)	تهديد
atentar contra a vida de ...	ḥāwal iɣtiyāl	حاول الإغتيال
atentado (m)	muḥāwalat iɣtiyāl (f)	محاولة إغتيال
roubar (o carro)	saraq	سرق
desviar (o avião)	ixtaṭaf	إختطف
vingança (f)	intiqām (m)	إنتقام
vingar (vt)	intaqam	إنتقم
torturar (vt)	ʿaððab	عذّب
tortura (f)	taʿðīb (m)	تعذيب
atormentar (vt)	ʿaððab	عذّب
pirata (m)	qurṣān (m)	قرصان
desordeiro (m)	wabaʃ (m)	وبش

armado	musallaḥ	مسلّح
violência (f)	'unf (m)	عنف
ilegal	γayr qānūniy	غير قانونيّ

| espionagem (f) | taʒassas (m) | تجسّس |
| espionar (vi) | taʒassas | تجسّس |

162. Polícia. Lei. Parte 1

| justiça (f) | qaḍāʾ (m) | قضاء |
| tribunal (m) | maḥkama (f) | محكمة |

juiz (m)	qāḍi (m)	قاض
jurados (m pl)	muḥallafūn (pl)	محلّفون
tribunal (m) do júri	qaḍāʾ al muḥallafin (m)	قضاء المحلّفين
julgar (vt)	ḥakam	حكم

advogado (m)	muḥāmi (m)	محام
réu (m)	muddaʿa ʿalayh (m)	مدّعى عليه
banco (m) dos réus	qafṣ al ittihām (m)	قفص الإتّهام

| acusação (f) | ittihām (m) | إتّهام |
| acusado (m) | muttaham (m) | متّهم |

| sentença (f) | ḥukm (m) | حكم |
| sentenciar (vt) | ḥakam | حكم |

culpado (m)	muðnib (m)	مذنب
punir (vt)	ʿāqab	عاقب
punição (f)	ʿuqūba (f), ʿiqāb (m)	عقوبة, عقاب

multa (f)	γarāma (f)	غرامة
prisão (f) perpétua	siʒn mada al ḥayāt (m)	سجن مدى الحياة
pena (f) de morte	ʿuqūbat ʾiʿdām (f)	عقوبة إعدام
cadeira (f) elétrica	kursiy kaharabāʾiy (m)	كرسيّ كهربائيّ
forca (f)	maʃnaqa (f)	مشنقة

| executar (vt) | aʿdam | أعدم |
| execução (f) | iʿdām (m) | إعدام |

| prisão (f) | siʒn (m) | سجن |
| cela (f) de prisão | zinzāna (f) | زنزانة |

escolta (f)	ḥirāsa (f)	حراسة
guarda (m) prisional	ḥāris siʒn (m)	حارس سجن
preso (m)	saʒīn (m)	سجين

| algemas (f pl) | aṣfād (pl) | أصفاد |
| algemar (vt) | ṣaffad | صفّد |

fuga, evasão (f)	hurūb min as siʒn (m)	هروب من السجن
fugir (vi)	harab	هرب
desaparecer (vi)	iχtafa	إختفى
soltar, libertar (vt)	aχla sabīl	أخلى سبيل

amnistia (f)	'afw 'āmm (m)	عفو عامّ
polícia (instituição)	ʃurṭa (f)	شرطة
polícia (m)	ʃurṭiy (m)	شرطيّ
esquadra (f) de polícia	qism ʃurṭa (m)	قسم شرطة
cassetete (m)	hirāwat aʃ ʃurṭiy (f)	هراوة الشرطيّ
megafone (m)	būq (m)	بوق

carro (m) de patrulha	sayyārat dawrīyyāt (f)	سيّارة دوريّات
sirene (f)	ṣaffārat inðār (f)	صفّارة إنذار
ligar a sirene	aṭlaq sirīna	أطلق سرينة
toque (m) da sirene	ṣawt sirīna (m)	صوت سرينة

cena (f) do crime	masraḥ al ȝarīma (m)	مسرح الجريمة
testemunha (f)	ʃāhid (m)	شاهد
liberdade (f)	ḥurriyya (f)	حرّيّة
cúmplice (m)	ʃarīk fil ȝarīma (m)	شريك في الجريمة
escapar (vi)	harab	هرب
traço (não deixar ~s)	aθar (m)	أثر

163. Polícia. Lei. Parte 2

procura (f)	baḥθ (m)	بحث
procurar (vt)	baḥaθ	بحث
suspeita (f)	ʃubha (f)	شبهة
suspeito	maʃbūh	مشبوه
parar (vt)	awqaf	أوقف
deter (vt)	i'taqal	إعتقل

caso (criminal)	qaḍiyya (f)	قضيّة
investigação (f)	taḥqīq (m)	تحقيق
detetive (m)	muḥaqqiq (m)	محقّق
investigador (m)	mufattiʃ (m)	مفتّش
versão (f)	riwāya (f)	رواية

motivo (m)	dāfiʿ (m)	دافع
interrogatório (m)	istiȝwāb (m)	إستجواب
interrogar (vt)	istaȝwab	إستجوب
questionar (vt)	istanṭaq	إستنطق
verificação (f)	faḥṣ (m)	فحص

batida (f) policial	ȝamʿ (m)	جمع
busca (f)	taftīʃ (m)	تفتيش
perseguição (f)	muṭārada (f)	مطاردة
perseguir (vt)	ṭārad	طارد
seguir (vt)	tābaʿ	تابع

prisão (f)	i'tiqāl (m)	إعتقال
prender (vt)	i'taqal	إعتقل
pegar, capturar (vt)	qabaḍ	قبض
captura (f)	qabḍ (m)	قبض

documento (m)	waθīqa (f)	وثيقة
prova (f)	dalīl (m)	دليل
provar (vt)	aθbat	أثبت

pegada (f)	baṣma (f)	بصمة
impressões (f pl) digitais	baṣamāt al aṣābiʿ (pl)	بصمات الأصابع
prova (f)	dalīl (m)	دليل
álibi (m)	dafʿ bil ɣayba (f)	دفع بالغيبة
inocente	barīʾ	بريء
injustiça (f)	ẓulm (m)	ظلم
injusto	ɣayr ʿādil	غير عادل
criminal	iʒrāmiy	إجراميّ
confiscar (vt)	ṣādar	صادر
droga (f)	muxaddirāt (pl)	مخدّرات
arma (f)	silāḥ (m)	سلاح
desarmar (vt)	ʒarrad min as silāḥ	جرّد من السلاح
ordenar (vt)	amar	أمر
desaparecer (vi)	ixtafa	إختفى
lei (f)	qānūn (m)	قانون
legal	qānūniy, ʃarʿiy	قانونيّ، شرعيّ
ilegal	ɣayr qanūny, ɣayr ʃarʿi	غير قانونيّ، غير شرعيّ
responsabilidade (f)	mas'ūliyya (f)	مسؤوليّة
responsável	mas'ūl (m)	مسؤول

NATUREZA

A Terra. Parte 1

164. Espaço sideral

cosmos (m)	faḍā' (m)	فضاء
cósmico	faḍā'iy	فضائيّ
espaço (m) cósmico	faḍā' (m)	فضاء
mundo (m)	'ālam (m)	عالم
universo (m)	al kawn (m)	الكون
galáxia (f)	al maʒarra (f)	المجرّة

estrela (f)	naʒm (m)	نجم
constelação (f)	burʒ (m)	برج
planeta (m)	kawkab (m)	كوكب
satélite (m)	qamar ṣinā'iy (m)	قمر صناعيّ

meteorito (m)	ḥaʒar nayzakiy (m)	حجر نيزكيّ
cometa (m)	muðannab (m)	مذنّب
asteroide (m)	kuwaykib (m)	كويكب

órbita (f)	madār (m)	مدار
girar (vi)	dār	دار
atmosfera (f)	al ɣilāf al ʒawwiy (m)	الغلاف الجوّيّ

Sol (m)	aʃʃams (f)	الشمس
Sistema (m) Solar	al maʒmū'a aʃʃamsiyya (f)	المجموعة الشمسيّة
eclipse (m) solar	kusūf aʃʃams (m)	كسوف الشمس

Terra (f)	al arḍ (f)	الأرض
Lua (f)	al qamar (m)	القمر

Marte (m)	al mirrīχ (m)	المرّيخ
Vénus (f)	az zahra (f)	الزهرة
Júpiter (m)	al muʃtari (m)	المشتري
Saturno (m)	zuḥal (m)	زحل

Mercúrio (m)	'aṭārid (m)	عطارد
Urano (m)	urānus (m)	اورانوس
Neptuno (m)	nibtūn (m)	نبتون
Plutão (m)	blūtu (m)	بلوتو

Via Láctea (f)	darb at tabbāna (m)	درب التبّانة
Ursa Maior (f)	ad dubb al akbar (m)	الدبّ الأكبر
Estrela Polar (f)	naʒm al 'quṭb (m)	نجم القطب

marciano (m)	sākin al mirrīχ (m)	ساكن المرّيخ
extraterrestre (m)	faḍā'iy (m)	فضائيّ

alienígena (m)	faḍā'iy (m)	فضائيّ
disco (m) voador	ṭabaq ṭā'ir (m)	طبق طائر

nave (f) espacial	markaba faḍā'iyya (f)	مركبة فضائيّة
estação (f) orbital	maḥaṭṭat faḍā' (f)	محطّة فضاء
lançamento (m)	intilāq (m)	إنطلاق

motor (m)	mutūr (m)	موتور
bocal (m)	manfaθ (m)	منفث
combustível (m)	wuqūd (m)	وقود

cabine (f)	kabīna (f)	كابينة
antena (f)	hawā'iy (m)	هوائيّ
vigia (f)	kuwwa mustadīra (f)	كوّة مستديرة
bateria (f) solar	lawḥ ʃamsiy (m)	لوح شمسيّ
traje (m) espacial	baðlat al faḍā' (f)	بذلة الفضاء

imponderabilidade (f)	in'idām al wazn (m)	إنعدام الوزن
oxigénio (m)	uksiʒīn (m)	أكسجين

acoplagem (f)	rasw (m)	رسو
fazer uma acoplagem	rasa	رسا

observatório (m)	marṣad (m)	مرصد
telescópio (m)	tiliskūp (m)	تلسكوب
observar (vt)	rāqab	راقب
explorar (vt)	istakʃaf	إستكشف

165. A Terra

Terra (f)	al arḍ (f)	الأرض
globo terrestre (Terra)	al kura al arḍiyya (f)	الكرة الأرضيّة
planeta (m)	kawkab (m)	كوكب

atmosfera (f)	al ɣilāf al ʒawwiy (m)	الغلاف الجوّيّ
geografia (f)	ʒuɣrāfiya (f)	جغرافيا
natureza (f)	ṭabī'a (f)	طبيعة

globo (mapa esférico)	namūðaʒ lil kura al arḍiyya (m)	نموذج للكرة الأرضيّة
mapa (m)	xarīṭa (f)	خريطة
atlas (m)	aṭlas (m)	أطلس

Europa (f)	urūbba (f)	أوروبّا
Ásia (f)	'āsiya (f)	آسيا

África (f)	afrīqiya (f)	أفريقيا
Austrália (f)	usturāliya (f)	أستراليا

América (f)	amrīka (f)	أمريكا
América (f) do Norte	amrīka aʃ ʃimāliyya (f)	أمريكا الشماليّة
América (f) do Sul	amrīka al ʒanūbiyya (f)	أمريكا الجنوبيّة

Antártida (f)	al quṭb al ʒanūbiy (m)	القطب الجنوبيّ
Ártico (m)	al quṭb aʃ ʃimāliy (m)	القطب الشماليّ

166. Pontos cardeais

norte (m)	ʃimāl (m)	شمال
para norte	ilaʃ ʃimāl	إلى الشمال
no norte	fiʃ ʃimāl	في الشمال
do norte	ʃimāliy	شماليّ
sul (m)	ʒanūb (m)	جنوب
para sul	ilal ʒanūb	إلى الجنوب
no sul	fil ʒanūb	في الجنوب
do sul	ʒanūbiy	جنوبيّ
oeste, ocidente (m)	ɣarb (m)	غرب
para oeste	ilal ɣarb	إلى الغرب
no oeste	fil ɣarb	في الغرب
ocidental	ɣarbiy	غربيّ
leste, oriente (m)	ʃarq (m)	شرق
para leste	ilaʃ ʃarq	إلى الشرق
no leste	fiʃ ʃarq	في الشرق
oriental	ʃarqiy	شرقيّ

167. Mar. Oceano

mar (m)	baḥr (m)	بحر
oceano (m)	muḥīṭ (m)	محيط
golfo (m)	ҳalīʒ (m)	خليج
estreito (m)	maḍīq (m)	مضيق
terra (f) firme	barr (m)	برّ
continente (m)	qārra (f)	قارّة
ilha (f)	ʒazīra (f)	جزيرة
península (f)	ʃibh ʒazīra (f)	شبه جزيرة
arquipélago (m)	maʒmūʿat ʒuzur (f)	مجموعة جزر
baía (f)	ҳalīʒ (m)	خليج
porto (m)	mīnā' (m)	ميناء
lagoa (f)	buḥayra ʃāṭi'a (f)	بحيرة شاطئة
cabo (m)	ra's (m)	رأس
atol (m)	ʒazīra marʒāniyya istiwā'iyya (f)	جزيرة مرجانيّة إستوائيّة
recife (m)	ʃiʿāb (pl)	شعاب
coral (m)	murʒān (m)	مرجان
recife (m) de coral	ʃiʿāb marʒāniyya (pl)	شعاب مرجانيّة
profundo	ʿamīq	عميق
profundidade (f)	ʿumq (m)	عمق
abismo (m)	mahwāt (f)	مهواة
fossa (f) oceânica	ҳandaq (m)	خندق
corrente (f)	tayyār (m)	تيّار
banhar (vt)	aḥāṭ	أحاط

litoral (m)	sāḥil (m)	ساحل
costa (f)	sāḥil (m)	ساحل

maré (f) alta	madd (m)	مَد
refluxo (m), maré (f) baixa	ʒazr (m)	جزر
restinga (f)	miyāh ḍaḥla (f)	مياه ضحلة
fundo (m)	qāʿ (m)	قاع

onda (f)	mawʒa (f)	موجة
crista (f) da onda	qimmat mawʒa (f)	قمة موجة
espuma (f)	zabad al baḥr (m)	زبد البحر

tempestade (f)	ʿāṣifa (f)	عاصفة
furacão (m)	iʿṣār (m)	إعصار
tsunami (m)	tsunāmi (m)	تسونامي
calmaria (f)	hudūʾ (m)	هدوء
calmo	hādiʾ	هادئ

polo (m)	quṭb (m)	قطب
polar	quṭby	قطبيّ

latitude (f)	ʿarḍ (m)	عرض
longitude (f)	ṭūl (m)	طول
paralela (f)	mutawāzi (m)	متواز
equador (m)	χaṭṭ al istiwāʾ (m)	خط الإستواء

céu (m)	samāʾ (f)	سماء
horizonte (m)	ufuq (m)	أفق
ar (m)	hawāʾ (m)	هواء

farol (m)	manāra (f)	منارة
mergulhar (vi)	ɣāṣ	غاص
afundar-se (vr)	ɣariq	غرق
tesouros (m pl)	kunūz (pl)	كنوز

168. Montanhas

montanha (f)	ʒabal (m)	جبل
cordilheira (f)	silsilat ʒibāl (f)	سلسلة جبال
serra (f)	qimam ʒabaliyya (pl)	قمم جبليّة

cume (m)	qimma (f)	قمّة
pico (m)	qimma (f)	قمّة
sopé (m)	asfal (m)	أسفل
declive (m)	munḥadar (m)	منحدر

vulcão (m)	burkān (m)	بركان
vulcão (m) ativo	burkān naʃiṭ (m)	بركان نشط
vulcão (m) extinto	burkān χāmid (m)	بركان خامد

erupção (f)	θawrān (m)	ثوران
cratera (f)	fūhat al burkān (f)	فوهة البركان
magma (m)	māɣma (f)	ماغما
lava (f)	ḥumam burkāniyya (pl)	حمم بركانيّة

fundido (lava ~a)	munṣahira	منصهرة
desfiladeiro (m)	tal'a (m)	تلعة
garganta (f)	wādi ḍayyiq (m)	واد ضيّق
fenda (f)	ʃaqq (m)	شقّ
precipício (m)	hāwiya (f)	هاوية

passo, colo (m)	mamarr ʒabaliy (m)	ممرّ جبليّ
planalto (m)	haḍba (f)	هضبة
falésia (f)	ʒurf (m)	جرف
colina (f)	tall (m)	تلّ

glaciar (m)	nahr ʒalīdiy (m)	نهر جليديّ
queda (f) d'água	ʃallāl (m)	شلّال
géiser (m)	fawwāra ḥārra (m)	فوّارة حارّة
lago (m)	buḥayra (f)	بحيرة

planície (f)	sahl (m)	سهل
paisagem (f)	manẓar ṭabī'iy (m)	منظر طبيعيّ
eco (m)	ṣada (m)	صدى

alpinista (m)	mutasalliq al ʒibāl (m)	متسلّق الجبال
escalador (m)	mutasalliq ṣuχūr (m)	متسلّق صخور
conquistar (vt)	taɣallab 'ala	تغلّب على
subida, escalada (f)	tasalluq (m)	تسلّق

169. Rios

rio (m)	nahr (m)	نهر
fonte, nascente (f)	'ayn (m)	عين
leito (m) do rio	maʒra an nahr (m)	مجرى النهر
bacia (f)	ḥawḍ (m)	حوض
desaguar no ...	ṣabb fi ...	صبّ في...

| afluente (m) | rāfid (m) | رافد |
| margem (do rio) | ḍiffa (f) | ضفّة |

corrente (f)	tayyār (m)	تيّار
rio abaixo	f ittiʒāh maʒra an nahr	في إتّجاه مجرى النهر
rio acima	ḍidd at tayyār	ضدّ التيّار

inundação (f)	ɣamr (m)	غمر
cheia (f)	fayaḍān (m)	فيضان
transbordar (vi)	fāḍ	فاض
inundar (vt)	ɣamar	غمر

| banco (m) de areia | miyāh ḍaḥla (f) | مياه ضحلة |
| rápidos (m pl) | munḥadar an nahr (m) | منحدر النهر |

barragem (f)	sadd (m)	سدّ
canal (m)	qanāt (f)	قناة
reservatório (m) de água	χazzān mā'iy (m)	خزّان مائيّ
eclusa (f)	hawīs (m)	هويس
corpo (m) de água	masṭaḥ mā'iy (m)	مسطح مائيّ
pântano (m)	mustanqa' (m)	مستنقع

tremedal (m)	mustanqaᶜ (m)	مستنقع
remoinho (m)	dawwāma (f)	دوّامة

arroio, regato (m)	ʒadwal māʾiy (m)	جدول مائيّ
potável	aʃ ʃurb	الشرب
doce (água)	ᶜaðb	عذب

gelo (m)	ʒalīd (m)	جليد
congelar-se (vr)	taʒammad	تجمّد

170. Floresta

floresta (f), bosque (m)	ɣāba (f)	غابة
florestal	ɣāba	غابة

mata (f) cerrada	ɣāba kaθīfa (f)	غابة كثيفة
arvoredo (m)	ɣāba ṣaɣīra (f)	غابة صغيرة
clareira (f)	minṭaqa uzīlat minha al aʃʒār (f)	منطقة أزيلت منها الأشجار

matagal (m)	aʒama (f)	أجمة
mato (m)	ʃuʒayrāt (pl)	شجيرات

vereda (f)	mamarr (m)	ممرّ
ravina (f)	wādi ḍayyiq (m)	واد ضيّق

árvore (f)	ʃaʒara (f)	شجرة
folha (f)	waraqa (f)	ورقة
folhagem (f)	waraq (m)	ورق

queda (f) das folhas	tasāquṭ al awrāq (m)	تساقط الأوراق
cair (vi)	saqaṭ	سقط
topo (m)	raʾs (m)	رأس

ramo (m)	ɣuṣn (m)	غصن
galho (m)	ɣuṣn (m)	غصن
botão, rebento (m)	burᶜum (m)	برعم
agulha (f)	ʃawka (f)	شوكة
pinha (f)	kūz aṣ ṣanawbar (m)	كوز الصنوبر

buraco (m) de árvore	ʒawf (m)	جوف
ninho (m)	ᶜuʃʃ (m)	عشّ
toca (f)	ʒuḥr (m)	جحر

tronco (m)	ʒiðᶜ (m)	جذع
raiz (f)	ʒiðr (m)	جذر
casca (f) de árvore	liḥāʾ (m)	لحاء
musgo (m)	ṭuḥlub (m)	طحلب

arrancar pela raiz	iqtalaᶜ	إقتلع
cortar (vt)	qaṭaᶜ	قطع
desflorestar (vt)	azāl al ɣābāt	أزال الغابات
toco, cepo (m)	ʒiðᶜ aʃ ʃaʒara (m)	جذع الشجرة
fogueira (f)	nār muxayyam (m)	نار مخيّم

| incêndio (m) florestal | ḥarīq ɣāba (m) | حريق غابة |
| apagar (vt) | aṭfa' | أطفأ |

guarda-florestal (m)	ḥāris al ɣāba (m)	حارس الغابة
proteção (f)	ḥimāya (f)	حماية
proteger (a natureza)	ḥama	حمى
caçador (m) furtivo	sāriq aṣ ṣayd (m)	سارق الصيد
armadilha (f)	maṣyada (f)	مصيدة

| colher (cogumelos, bagas) | ʒamaʿ | جمع |
| perder-se (vr) | tāh | تاه |

171. Recursos naturais

recursos (m pl) naturais	θarawāt ṭabīʿiyya (pl)	ثروات طبيعية
minerais (m pl)	maʿādin (pl)	معادن
depósitos (m pl)	makāmin (pl)	مكامن
jazida (f)	ḥaql (m)	حقل

extrair (vt)	istaxraʒ	إستخرج
extração (f)	istixrāʒ (m)	إستخراج
minério (m)	xām (m)	خام
mina (f)	manʒam (m)	منجم
poço (m) de mina	manʒam (m)	منجم
mineiro (m)	ʿāmil manʒam (m)	عامل منجم

| gás (m) | ɣāz (m) | غاز |
| gasoduto (m) | xaṭṭ anābīb ɣāz (m) | خط أنابيب غاز |

petróleo (m)	nafṭ (m)	نفط
oleoduto (m)	anābīb an nafṭ (pl)	أنابيب النفط
poço (m) de petróleo	bi'r an nafṭ (m)	بئر النفط
torre (f) petrolífera	ḥaffāra (f)	حفّارة
petroleiro (m)	nāqilat an nafṭ (f)	ناقلة النفط

areia (f)	raml (m)	رمل
calcário (m)	ḥaʒar kalsiy (m)	حجر كلسيّ
cascalho (m)	ḥaṣa (m)	حصى
turfa (f)	xaθθ faḥm nabātiy (m)	خثّ فحم نباتيّ
argila (f)	ṭīn (m)	طين
carvão (m)	faḥm (m)	فحم

ferro (m)	ḥadīd (m)	حديد
ouro (m)	ðahab (m)	ذهب
prata (f)	fiḍḍa (f)	فضّة
níquel (m)	nikil (m)	نيكل
cobre (m)	nuḥās (m)	نحاس

zinco (m)	zink (m)	زنك
manganês (m)	manɣanīz (m)	منغنيز
mercúrio (m)	zi'baq (m)	زئبق
chumbo (m)	ruṣāṣ (m)	رصاص
mineral (m)	maʿdan (m)	معدن
cristal (m)	ballūra (f)	بلّورة

mármore (m)	ruχām (m)	رخام
urânio (m)	yurānuim (m)	يورانيوم

A Terra. Parte 2

172. Tempo

tempo (m)	ṭaqs (m)	طقس
previsão (f) do tempo	naʃra ʒawwiyya (f)	نشرة جوّيّة
temperatura (f)	ḥarāra (f)	حرارة
termómetro (m)	tirmūmitr (m)	ترمومتر
barómetro (m)	barūmitr (m)	بارومتر
húmido	raṭib	رطب
humidade (f)	ruṭūba (f)	رطوبة
calor (m)	ḥarāra (f)	حرارة
cálido	ḥārr	حارّ
está muito calor	al ʒaww ḥārr	الجوّ حارّ
está calor	al ʒaww dāfiʾ	الجوّ دافئ
quente	dāfiʾ	دافئ
está frio	al ʒaww bārid	الجوّ بارد
frio	bārid	بارد
sol (m)	ʃams (f)	شمس
brilhar (vi)	aḍāʾ	أضاء
de sol, ensolarado	muʃmis	مشمس
nascer (vi)	ʃaraq	شرق
pôr-se (vr)	ɣarab	غرب
nuvem (f)	saḥāba (f)	سحابة
nublado	ɣāʾim	غائم
nuvem (f) preta	saḥābat maṭar (f)	سحابة مطر
escuro, cinzento	ɣāʾim	غائم
chuva (f)	maṭar (m)	مطر
está a chover	innaha tamṭur	إنّها تمطر
chuvoso	mumṭir	ممطر
chuviscar (vi)	raðð	رذّ
chuva (f) torrencial	maṭar munhamir (f)	مطر منهمر
chuvada (f)	maṭar ɣazīr (m)	مطر غزير
forte (chuva)	ʃadīd	شديد
poça (f)	birka (f)	بركة
molhar-se (vr)	ibtall	إبتلّ
nevoeiro (m)	ḍabāb (m)	ضباب
de nevoeiro	muḍabbab	مضبّب
neve (f)	θalʒ (m)	ثلج
está a nevar	innaha taθluʒ	إنّها تثلج

173. Tempo extremo. Catástrofes naturais

trovoada (f)	'āṣifa ra'diyya (f)	عاصفة رعدية
relâmpago (m)	barq (m)	برق
relampejar (vi)	baraq	برق
trovão (m)	ra'd (m)	رعد
trovejar (vi)	ra'ad	رعد
está a trovejar	tar'ad as samā'	ترعد السماء
granizo (m)	maṭar bard (m)	مطر برد
está a cair granizo	tamṭur as samā' bardan	تمطر السماء بردًا
inundar (vt)	ɣamar	غمر
inundação (f)	fayaḍān (m)	فيضان
terremoto (m)	zilzāl (m)	زلزال
abalo, tremor (m)	hazza arḍiyya (f)	هزّة أرضية
epicentro (m)	markaz az zilzāl (m)	مركز الزلزال
erupção (f)	θawrān (m)	ثوران
lava (f)	ḥumam burkāniyya (pl)	حمم بركانية
turbilhão, tornado (m)	i'ṣār (m)	إعصار
tufão (m)	ṭūfān (m)	طوفان
furacão (m)	i'ṣār (m)	إعصار
tempestade (f)	'āṣifa (f)	عاصفة
tsunami (m)	tsunāmi (m)	تسونامي
ciclone (m)	i'ṣār (m)	إعصار
mau tempo (m)	ṭaqs sayyi' (m)	طقس سيّء
incêndio (m)	ḥarīq (m)	حريق
catástrofe (f)	kāriθa (f)	كارثة
meteorito (m)	ḥaʒar nayzakiy (m)	حجر نيزكيّ
avalanche (f)	inhiyār θalʒiy (m)	إنهيار ثلجيّ
deslizamento (m) de neve	inhiyār θalʒiy (m)	إنهيار ثلجيّ
nevasca (f)	'āṣifa θalʒiyya (f)	عاصفة ثلجية
tempestade (f) de neve	'āṣifa θalʒiyya (f)	عاصفة ثلجية

Fauna

174. Mamíferos. Predadores

predador (m)	ḥayawān muftaris (m)	حيوان مفترس
tigre (m)	namir (m)	نمر
leão (m)	asad (m)	أسد
lobo (m)	ðiʾb (m)	ذئب
raposa (f)	θaʿlab (m)	ثعلب
jaguar (m)	namir amrīkiy (m)	نمر أمريكيّ
leopardo (m)	fahd (m)	فهد
chita (f)	namir ṣayyād (m)	نمر صيّاد
pantera (f)	namir aswad (m)	نمر أسود
puma (m)	būma (m)	بوما
leopardo-das-neves (m)	namir aθ θulūʒ (m)	نمر الثلوج
lince (m)	waʃaq (m)	وشق
coiote (m)	qayūṭ (m)	قيوط
chacal (m)	ibn ʾāwa (m)	ابن آوى
hiena (f)	ḍabuʿ (m)	ضبع

175. Animais selvagens

animal (m)	ḥayawān (m)	حيوان
besta (f)	ḥayawān (m)	حيوان
esquilo (m)	sinʒāb (m)	سنجاب
ouriço (m)	qumfuð (m)	قنفذ
lebre (f)	arnab barriy (m)	أرنب برّيّ
coelho (m)	arnab (m)	أرنب
texugo (m)	ɣarīr (m)	غرير
guaxinim (m)	rākūn (m)	راكون
hamster (m)	qidād (m)	قداد
marmota (f)	marmuṭ (m)	مرموط
toupeira (f)	χuld (m)	خلد
rato (m)	faʾr (m)	فأر
ratazana (f)	ʒurað (m)	جرذ
morcego (m)	χuffāʃ (m)	خفّاش
arminho (m)	qāqum (m)	قاقم
zibelina (f)	sammūr (m)	سمّور
marta (f)	dalaq (m)	دلق
doninha (f)	ibn ʿirs (m)	إبن عرس
vison (m)	mink (m)	منك

castor (m)	qundus (m)	قندس
lontra (f)	quḍāʿa (f)	قضاعة
cavalo (m)	ḥiṣān (m)	حصان
alce (m)	mūz (m)	موظ
veado (m)	ayyil (m)	أيّل
camelo (m)	ʒamal (m)	جمل
bisão (m)	bisūn (m)	بيسون
auroque (m)	θawr barriy (m)	ثور برّيّ
búfalo (m)	ʒāmūs (m)	جاموس
zebra (f)	ḥimār zarad (m)	حمار زرد
antílope (m)	ẓabiy (m)	ظبي
corça (f)	yaḥmūr (m)	يحمور
gamo (m)	ayyil asmar urubbiy (m)	أيّل أسمر أوروبيّ
camurça (f)	ʃamwāh (f)	شاموه
javali (m)	xinzīr barriy (m)	خنزير برّيّ
baleia (f)	ḥūt (m)	حوت
foca (f)	fuqma (f)	فقمة
morsa (f)	faẓẓ (m)	فظّ
urso-marinho (m)	fuqmat al firāʾ (f)	فقمة الفراء
golfinho (m)	dilfīn (m)	دلفين
urso (m)	dubb (m)	دبّ
urso (m) branco	dubb quṭbiy (m)	دبّ قطبيّ
panda (m)	bānda (m)	باندا
macaco (em geral)	qird (m)	قرد
chimpanzé (m)	ʃimbanzi (m)	شيمبانزي
orangotango (m)	urangutān (m)	أورنغوتان
gorila (m)	ɣurīlla (f)	غوريلا
macaco (m)	qird al makāk (m)	قرد المكاك
gibão (m)	ʒibbūn (m)	جبون
elefante (m)	fīl (m)	فيل
rinoceronte (m)	xartīt (m)	خرتيت
girafa (f)	zarāfa (f)	زرافة
hipopótamo (m)	faras an nahr (m)	فرس النهر
canguru (m)	kanɣar (m)	كنغر
coala (m)	kuala (m)	كوالا
mangusto (m)	nims (m)	نمس
chinchila (f)	ʃinʃīla (f)	شنشيلة
doninha-fedorenta (f)	ẓaribān (m)	ظربان
porco-espinho (m)	nīṣ (m)	نيص

176. Animais domésticos

gata (f)	qitta (f)	قطة
gato (m) macho	ðakar al qiṭṭ (m)	ذكر القط
cão (m)	kalb (m)	كلب

cavalo (m)	ḥiṣān (m)	حصان
garanhão (m)	faḥl al χayl (m)	فحل الخيل
égua (f)	unθa al faras (f)	أنثى الفرس
vaca (f)	baqara (f)	بقرة
touro (m)	θawr (m)	ثور
boi (m)	θawr (m)	ثور
ovelha (f)	χarūf (f)	خروف
carneiro (m)	kabʃ (m)	كبش
cabra (f)	mā'iz (m)	ماعز
bode (m)	ðakar al mā'ið (m)	ذكر الماعز
burro (m)	ḥimār (m)	حمار
mula (f)	baγl (m)	بغل
porco (m)	χinzīr (m)	خنزير
leitão (m)	χannūṣ (m)	خنوص
coelho (m)	arnab (m)	أرنب
galinha (f)	daʒāʒa (f)	دجاجة
galo (m)	dīk (m)	ديك
pata (f)	baṭṭa (f)	بطة
pato (macho)	ðakar al baṭṭ (m)	ذكر البط
ganso (m)	iwazza (f)	إوزة
peru (m)	dīk rūmiy (m)	ديك رومي
perua (f)	daʒāʒ rūmiy (m)	دجاج رومي
animais (m pl) domésticos	ḥayawānāt dawāʒin (pl)	حيوانات دواجن
domesticado	alīf	أليف
domesticar (vt)	allaf	ألّف
criar (vt)	rabba	ربّى
quinta (f)	mazra'a (f)	مزرعة
aves (f pl) domésticas	ṭuyūr dāʒina (pl)	طيور داجنة
gado (m)	māʃiya (f)	ماشية
rebanho (m), manada (f)	qaṭī' (m)	قطيع
estábulo (m)	isṭabl χayl (m)	إسطبل خيل
pocilga (f)	ḥaẓīrat al χanāzīr (f)	حظيرة الخنازير
estábulo (m)	zirībat al baqar (f)	زريبة البقر
coelheira (f)	qunn al arānib (m)	قنّ الأرانب
galinheiro (m)	qunn ad daʒāʒ (m)	قن الدجاج

177. Cães. Raças de cães

cão (m)	kalb (m)	كلب
cão pastor (m)	kalb ra'y (m)	كلب رعي
pastor-alemão (m)	kalb ar rā'i al almāniy (m)	كلب الراعي الألماني
caniche (m)	būdli (m)	بودل
teckel (m)	daʃhund (m)	دشهند
buldogue (m)	bulduγ (m)	بلدغ

boxer (m)	buksir (m)	بوكسر
mastim (m)	mastīf (m)	ماستيف
rottweiler (m)	rut vāylir (m)	روت فايلر
dobermann (m)	dubirmān (m)	دوبرمان

basset (m)	bāsit (m)	باسيت
pastor inglês (m)	bubteyl (m)	بوبتيل
dálmata (m)	kalb dalmāsiy (m)	كلب دلماسي
cocker spaniel (m)	kukkir spaniil (m)	كوكر سبأنييل

| terra-nova (m) | nyu faundland (m) | نيوفاوندلاند |
| são-bernardo (m) | san birnār (m) | سنبرنار |

husky (m)	haski (m)	هاسكي
Chow-chow (m)	tʃaw tʃaw (m)	تشاوتشاو
spitz alemão (m)	ʃbītz (m)	شبيتز
carlindogue (m)	bāk (m)	باك

178. Sons produzidos pelos animais

latido (m)	nubāḥ (m)	نباح
latir (vi)	nabaḥ	نبح
miar (vi)	mā'	ماء
ronronar (vi)	χarχar	خرخر

mugir (vaca)	χār	خار
bramir (touro)	χār	خار
rosnar (vi)	damdam	دمدم

uivo (m)	'uwā' (m)	عواء
uivar (vi)	'awa	عوى
ganir (vi)	'awa	عوى

balir (vi)	ma'ma'	مأمأ
grunhir (porco)	qaba'	قبع
guinchar (vi)	ṣāḥ	صاح

coaxar (sapo)	naqq	نقّ
zumbir (inseto)	ṭann	طنّ
estridular, ziziar (vi)	zaqzaq	زقزق

179. Pássaros

pássaro (m), ave (f)	ṭā'ir (m)	طائر
pombo (m)	ḥamāma (f)	حمامة
pardal (m)	'uṣfūr (m)	عصفور
chapim-real (m)	qurquf (m)	قرقف
pega-rabuda (f)	'aq'aq (m)	عقعق

corvo (m)	ɣurāb aswad (m)	غراب أسود
gralha (f) cinzenta	ɣurāb (m)	غراب
gralha-de-nuca-cinzenta (f)	zāɣ (m)	زاغ

gralha-calva (f)	ɣurāb al qayẓ (m)	غراب القيظ
pato (m)	baṭṭa (f)	بطة
ganso (m)	iwazza (f)	إوزّة
faisão (m)	tadarruʒ (m)	تدرج

águia (f)	nasr (m)	نسر
açor (m)	bāz (m)	باز
falcão (m)	ṣaqr (m)	صقر

| abutre (m) | raχam (m) | رخم |
| condor (m) | kundūr (m) | كندور |

ˉ cisne (m)	timma (m)	تمّة
grou (m)	kurkiy (m)	كركي
cegonha (f)	laqlaq (m)	لقلق

papagaio (m)	babaɣā' (m)	ببغاء
beija-flor (m)	ṭannān (m)	طنّان
pavão (m)	ṭāwūs (m)	طاووس

| avestruz (m) | naʿāma (f) | نعامة |
| garça (f) | balaʃūn (m) | بلشون |

| flamingo (m) | nuḥām wardiy (m) | نحام ورديّ |
| pelicano (m) | baʒaʿa (f) | بجعة |

| rouxinol (m) | bulbul (m) | بلبل |
| andorinha (f) | sunūnū (m) | سنونو |

tordo-zornal (m)	sumna (m)	سمنة
tordo-músico (m)	summuna muɣarrida (m)	سمنة مغرّدة
melro-preto (m)	ʃaḥrūr aswad (m)	شحرور أسود

andorinhão (m)	samāma (m)	سمامة
cotovia (f)	qubbara (f)	قبّرة
codorna (f)	sammān (m)	سمّان

pica-pau (m)	naqqār al χaʃab (m)	نقّار الخشب
cuco (m)	waqwāq (m)	وقواق
coruja (f)	būma (f)	بومة
corujão, bufo (m)	būm urāsiy (m)	بوم أوراسيّ
tetraz-grande (m)	dīk il χalanʒ (m)	ديك الخلنج

| tetraz-lira (m) | ṭayhūʒ aswad (m) | طيهوج أسود |
| perdiz-cinzenta (f) | ḥaʒal (m) | حجل |

estorninho (m)	zurzūr (m)	زرزور
canário (m)	kanāriy (m)	كناريّ
galinha-do-mato (f)	ṭayhūʒ il bunduq (m)	طيهوج البندق

| tentilhão (m) | ʃurʃūr (m) | شرشور |
| dom-fafe (m) | diχnāʃ (m) | دغناش |

gaivota (f)	nawras (m)	نورس
albatroz (m)	al qaṭras (m)	القطرس
pinguim (m)	biṭrīq (m)	بطريق

180. Pássaros. Canto e sons

cantar (vi)	ɣanna	غنّى
gritar (vi)	nāda	نادى
cantar (o galo)	ṣāḥ	صاح
cocorocó (m)	kukukuku	كوكوكوكو

cacarejar (vi)	qaraq	قرق
crocitar (vi)	naʾaq	نعق
grasnar (vi)	baṭbaṭ	بطبط
piar (vi)	ṣaʾṣaʾ	صأصأ
chilrear, gorjear (vi)	zaqzaq	زقزق

181. Peixes. Animais marinhos

brema (f)	abramīs (m)	أبراميس
carpa (f)	ʃabbūṭ (m)	شبّوط
perca (f)	farχ (m)	فرخ
siluro (m)	qarmūṭ (m)	قرموط
lúcio (m)	samak al karāki (m)	سمك الكراكي

| salmão (m) | salmūn (m) | سلمون |
| esturjão (m) | ḥaʃʃ (m) | حفش |

arenque (m)	rinʒa (f)	رنجة
salmão (m)	salmūn aṭlasiy (m)	سلمون أطلسيّ
cavala, sarda (f)	usqumriy (m)	أسقمريّ
solha (f)	samak mufalṭaḥ (f)	سمك مفلطح

lúcio perca (m)	samak sandar (m)	سمك سندر
bacalhau (m)	qudd (m)	قدّ
atum (m)	tūna (f)	تونة
truta (f)	salmūn muraqqaṭ (m)	سلمون مرقّط

enguia (f)	ḥankalīs (m)	حنكليس
raia elétrica (f)	raʿʿād (m)	رعّاد
moreia (f)	murāy (m)	موراي
piranha (f)	birāna (f)	بيرانا

tubarão (m)	qirʃ (m)	قرش
golfinho (m)	dilfīn (m)	دلفين
baleia (f)	ḥūt (m)	حوت

caranguejo (m)	salṭaʿūn (m)	سلطعون
medusa, alforreca (f)	qindīl al baḥr (m)	قنديل البحر
polvo (m)	uχṭubūṭ (m)	أخطبوط

estrela-do-mar (f)	naʒmat al baḥr (f)	نجمة البحر
ouriço-do-mar (m)	qumfuð al baḥr (m)	قنفذ البحر
cavalo-marinho (m)	ḥiṣān al baḥr (m)	فرس البحر

| ostra (f) | maḥār (m) | محار |
| camarão (m) | ʒambari (m) | جمبريّ |

| lavagante (m) | istakūza (f) | إستكوزا |
| lagosta (f) | karkand ʃāik (m) | كركند شائك |

182. Anfíbios. Répteis

serpente, cobra (f)	θuʿbān (m)	ثعبان
venenoso	sāmm	سامّ
víbora (f)	afʿa (f)	أفعى
cobra-capelo, naja (f)	kūbra (m)	كوبرا
pitão (m)	biθūn (m)	بيثون
jiboia (f)	buwā' (f)	بواء
cobra-de-água (f)	θuʿbān al ʿuʃb (m)	ثعبان العشب
cascavel (f)	afʿa al ʒalʒala (f)	أفعى الجلجلة
anaconda (f)	anakūnda (f)	أناكوندا
lagarto (m)	siḥliyya (f)	سحليّة
iguana (f)	iɣwāna (f)	إغوانة
varano (m)	waral (m)	ورل
salamandra (f)	samandar (m)	سمندر
camaleão (m)	ḥirbā' (f)	حرباء
escorpião (m)	ʿaqrab (m)	عقرب
tartaruga (f)	sulaḥfāt (f)	سلحفاة
rã (f)	ḍifḍaʿ (m)	ضفدع
sapo (m)	ḍifḍaʿ aṭ ṭīn (m)	ضفدع الطين
crocodilo (m)	timsāḥ (m)	تمساح

183. Insetos

inseto (m)	ḥaʃara (f)	حشرة
borboleta (f)	farāʃa (f)	فراشة
formiga (f)	namla (f)	نملة
mosca (f)	ðubāba (f)	ذبابة
mosquito (m)	namūsa (f)	ناموسة
escaravelho (m)	xunfusa (f)	خنفسة
vespa (f)	dabbūr (m)	دبّور
abelha (f)	naḥla (f)	نحلة
mamangava (f)	naḥla ṭannāna (f)	نحلة طنّانة
moscardo (m)	naʿra (f)	نعرة
aranha (f)	ʿankabūt (m)	عنكبوت
teia (f) de aranha	nasīʒ ʿankabūt (m)	نسيج عنكبوت
libélula (f)	yaʿsūb (m)	يعسوب
gafanhoto-do-campo (m)	ʒarād (m)	جراد
traça (f)	ʿitta (f)	عتّة
barata (f)	ṣurṣūr (m)	صرصور
carraça (f)	qurāda (f)	قرادة

pulga (f)	burɣūθ (m)	برغوث
borrachudo (m)	ba'ūḍa (f)	بعوضة

gafanhoto (m)	ʒarād (m)	جراد
caracol (m)	ḥalzūn (m)	حلزون
grilo (m)	ṣarrār al layl (m)	صرّار الليل
pirilampo (m)	yarā'a muḍī'a (f)	يراعة مضيئة
joaninha (f)	da'sūqa (f)	دعسوقة
besouro (m)	χunfusa kabīra (f)	خنفسة كبيرة

sanguessuga (f)	'alaqa (f)	علقة
lagarta (f)	yasrū' (m)	يسروع
minhoca (f)	dūda (f)	دودة
larva (f)	yaraqa (f)	يرقة

184. Animais. Partes do corpo

bico (m)	minqār (m)	منقار
asas (f pl)	aʒniḥa (pl)	أجنحة
pata (f)	riʒl (f)	رجل
plumagem (f)	rīʃ (m)	ريش
pena, pluma (f)	rīʃa (f)	ريشة
crista (f)	tāʒ (m)	تاج

brânquias, guelras (f pl)	χayāʃīm (pl)	خياشيم
ovas (f pl)	bayḍ as samak (pl)	بيض السمك
larva (f)	yaraqa (f)	يرقة
barbatana (f)	zi'nifa (f)	زعنفة
escama (f)	ḥarāfiʃ (pl)	حرافش

canino (m)	nāb (m)	ناب
pata (f)	qadam (f)	قدم
focinho (m)	χaṭm (m)	خطم
boca (f)	fam (m)	فم
cauda (f), rabo (m)	ðayl (m)	ذيل
bigodes (m pl)	ʃawārib (pl)	شوارب

casco (m)	ḥāfir (m)	حافر
corno (m)	qarn (m)	قرن

carapaça (f)	dir' (m)	درع
concha (f)	maḥāra (f)	محارة
casca (f) de ovo	qiʃrat bayḍa (f)	قشرة بيضة

pelo (m)	ʃa'r (m)	شعر
pele (f), couro (m)	ʒild (m)	جلد

185. Animais. Habitats

hábitat	mawṭln (m)	موطن
migração (f)	hiʒra (f)	هجرة
montanha (f)	ʒabal (m)	جبل

| recife (m) | ʃiʿāb (pl) | شعاب |
| falésia (f) | ʒurf (m) | جرف |

floresta (f)	ɣāba (f)	غابة
selva (f)	adɣāl (pl)	أدغال
savana (f)	savānna (f)	سافانا
tundra (f)	tundra (f)	تندرا

estepe (f)	sahb (m)	سهب
deserto (m)	ṣaḥrāʾ (f)	صحراء
oásis (m)	wāḥa (f)	واحة

mar (m)	baḥr (m)	بحر
lago (m)	buḥayra (f)	بحيرة
oceano (m)	muḥīṭ (m)	محيط

pântano (m)	mustanqaʿ (m)	مستنقع
de água doce	al miyāh al ʿaðba	المياه العذبة
lagoa (f)	birka (f)	بركة
rio (m)	nahr (m)	نهر

toca (f) do urso	wakr (m)	وكر
ninho (m)	ʿuʃʃ (m)	عش
buraco (m) de árvore	ʒawf (m)	جوف
toca (f)	ʒuḥr (m)	جحر
formigueiro (m)	ʿuʃʃ naml (m)	عش نمل

Flora

186. Árvores

árvore (f)	ʃaʒara (f)	شجرة
decídua	nafḍiyya	نفضيّة
conífera	ṣanawbariyya	صنوبريّة
perene	dã'imat al xuḍra	دائمة الخضرة
macieira (f)	ʃaʒarat tuffāḥ (f)	شجرة تفّاح
pereira (f)	ʃaʒarat kummaθra (f)	شجرة كمّثرى
cerejeira, ginjeira (f)	ʃaʒarat karaz (f)	شجرة كرز
ameixeira (f)	ʃaʒarat barqūq (f)	شجرة برقوق
bétula (f)	batūla (f)	بتولا
carvalho (m)	ballūṭ (f)	بلّوط
tília (f)	ʃaʒarat zayzafūn (f)	شجرة زيزفون
choupo-tremedor (m)	ḥawr raʒrāʒ (m)	حور رجراج
bordo (m)	qayqab (f)	قيقب
espruce-europeu (m)	ratinaʒ (f)	راتينج
pinheiro (m)	ṣanawbar (f)	صنوبر
alerce, lariço (m)	arziyya (f)	أرزيّة
abeto (m)	tannūb (f)	تنّوب
cedro (m)	arz (f)	أرز
choupo, álamo (m)	ḥawr (f)	حور
tramazeira (f)	ɣubayrā' (f)	غبيراء
salgueiro (m)	ṣafsāf (f)	صفصاف
amieiro (m)	ʒār il mā' (m)	جار الماء
faia (f)	zān (m)	زان
ulmeiro (m)	dardār (f)	دردار
freixo (m)	marān (f)	مران
castanheiro (m)	kastanā' (f)	كستناء
magnólia (f)	maɣnūliya (f)	مغنوليا
palmeira (f)	naxla (f)	نخلة
cipreste (m)	sarw (f)	سرو
mangue (m)	ayka sāḥiliyya (f)	أيكة ساحليّة
embondeiro, baobá (m)	bāubāb (f)	باوباب
eucalipto (m)	ukaliptus (f)	أوكاليبتوس
sequoia (f)	siqūya (f)	سيكويا

187. Arbustos

arbusto (m)	ʃuʒayra (f)	شجيرة
arbusto (m), moita (f)	ʃuʒayrāt (pl)	شجيرات

| videira (f) | karma (f) | كرمة |
| vinhedo (m) | karam (m) | كرم |

framboeseira (f)	tūt al ʿullayq al aḥmar (m)	توت العلّيق الأحمر
groselheira-vermelha (f)	kiʃmiʃ aḥmar (m)	كشمش أحمر
groselheira (f) espinhosa	ʿinab aθ θaʿlab (m)	عنب الثعلب

acácia (f)	sanṭ (f)	سنط
bérberis (f)	amīr barīs (m)	أمير باريس
jasmim (m)	yāsmīn (m)	ياسمين

junípero (m)	ʿarʿar (m)	عرعر
roseira (f)	ʃuʒayrat ward (f)	شجيرة ورد
roseira (f) brava	ward ʒabaliy (m)	ورد جبليّ

188. Cogumelos

cogumelo (m)	fuṭr (f)	فطر
cogumelo (m) comestível	fuṭr ṣāliḥ lil akl (m)	فطر صالح للأكل
cogumelo (m) venenoso	fuṭr sāmm (m)	فطر سام
chapéu (m)	ṭarbūʃ al fuṭr (m)	طربوش الفطر
pé, caule (m)	sāq al fuṭr (m)	ساق الفطر

boleto (m)	fuṭr bulīt maʾkūl (m)	فطر بوليط مأكول
boleto (m) alaranjado	fuṭr aḥmar (m)	فطر أحمر
míscaro (m) das bétulas	fuṭr bulīt (m)	فطر بوليط
cantarela (f)	fuṭr kwīzi (m)	فطر كويزي
rússula (f)	fuṭr russūla (m)	فطر روسّولا

morchella (f)	fuṭr al ɣūʃna (m)	فطر الغوشنة
agário-das-moscas (m)	fuṭr amānīt aṭ ṭāʾir as sāmm (m)	فطر أمانيت الطائر السامّ
cicuta (f) verde	fuṭr amānīt falusyāniy as sāmm (m)	فطر أمانيت فالوسياني السامّ

189. Frutos. Bagas

fruta (f)	θamra (f)	ثمرة
frutas (f pl)	θamr (m)	ثمر
maçã (f)	tuffāḥa (f)	تفّاحة
pera (f)	kummaθra (f)	كمّثرى
ameixa (f)	barqūq (m)	برقوق

morango (m)	farawla (f)	فراولة
ginja, cereja (f)	karaz (m)	كرز
uva (f)	ʿinab (m)	عنب

framboesa (f)	tūt al ʿullayq al aḥmar (m)	توت العلّيق الأحمر
groselha (f) preta	ʿinab aθ θaʿlab al aswad (m)	عنب الثعلب الأسود
groselha (f) vermelha	kiʃmiʃ aḥmar (m)	كشمش أحمر
groselha (f) espinhosa	ʿinab aθ θaʿlab (m)	عنب الثعلب
oxicoco (m)	tūt aḥmar barriy (m)	توت أحمر بريّ

laranja (f)	burtuqāl (m)	برتقال
tangerina (f)	yūsufiy (m)	يوسفي
ananás (m)	ananās (m)	أناناس
banana (f)	mawz (m)	موز
tâmara (f)	tamr (m)	تمر
limão (m)	laymūn (m)	ليمون
damasco (m)	miʃmiʃ (f)	مشمش
pêssego (m)	durrāq (m)	دراق
kiwi (m)	kiwi (m)	كيوي
toranja (f)	zinbāʿ (m)	زنباع
baga (f)	ḥabba (f)	حبَة
bagas (f pl)	ḥabbāt (pl)	حبَات
arando (m) vermelho	ʿinab aθ θawr (m)	عنب الثور
morango-silvestre (m)	farāwla barriyya (f)	فراولة برِّية
mirtilo (m)	ʿinab al aḥrāʒ (m)	عنب الأحراج

190. Flores. Plantas

flor (f)	zahra (f)	زهرة
ramo (m) de flores	bāqat zuhūr (f)	باقة زهور
rosa (f)	warda (f)	وردة
tulipa (f)	tulīb (f)	توليب
cravo (m)	qurumful (m)	قرنفل
gladíolo (m)	dalbūθ (f)	دلبوث
centáurea (f)	turunʃāh (m)	ترنشاه
campânula (f)	ʒarīs (m)	جريس
dente-de-leão (m)	hindibāʼ (f)	هندباء
camomila (f)	babunʒ (m)	بابونج
aloé (m)	aluwwa (m)	ألوَة
cato (m)	ṣabbār (m)	صبَّار
fícus (m)	tīn (m)	تين
lírio (m)	sawsan (m)	سوسن
gerânio (m)	ibrat ar rāʿi (f)	إبرة الراعي
jacinto (m)	zanbaq (f)	زنبق
mimosa (f)	mimūza (f)	ميموزا
narciso (m)	narʒis (f)	نرجس
capuchinha (f)	abu xanʒar (f)	أبو خنجر
orquídea (f)	saḥlab (f)	سحلب
peónia (f)	fawniya (f)	فاونيا
violeta (f)	banafsaʒ (f)	بنفسج
amor-perfeito (m)	banafsaʒ muθallaθ (m)	بنفسج مثلث
não-me-esqueças (m)	ʼāðān al faʼr (pl)	آذان الفأر
margarida (f)	uqḥuwān (f)	أقحوان
papoula (f)	xaʃxāʃ (f)	خشخاش
cânhamo (m)	qinnab (m)	قنب

hortelã (f)	na'nā' (m)	نعناع
lírio-do-vale (m)	sawsan al wādi (m)	سوسن الوادي
campânula-branca (f)	zahrat al laban (f)	زهرة اللبن

urtiga (f)	qarrāṣ (m)	قرّاص
azeda (f)	ḥammāḍ (m)	حمّاض
nenúfar (m)	nilūfar (m)	نيلوفر
feto (m), samambaia (f)	saraxs (m)	سرخس
líquen (m)	uʃna (f)	أشنة

estufa (f)	daffa (f)	دفيئة
relvado (m)	'uʃb (m)	عشب
canteiro (m) de flores	ʒunaynat zuhūr (f)	جنينة زهور

planta (f)	nabāt (m)	نبات
erva (f)	'uʃb (m)	عشب
folha (f) de erva	'uʃba (f)	عشبة

folha (f)	waraqa (f)	ورقة
pétala (f)	waraqat az zahra (f)	ورقة الزهرة
talo (m)	sāq (f)	ساق
tubérculo (m)	darnat nabāt (f)	درنة نبات

| broto, rebento (m) | nabta saɣīra (f) | نبتة صغيرة |
| espinho (m) | ʃawka (f) | شوكة |

florescer (vi)	nawwar	نوّر
murchar (vi)	ðabal	ذبل
cheiro (m)	rā'iḥa (f)	رائحة
cortar (flores)	qaṭaʿ	قطع
colher (uma flor)	qaṭaf	قطف

191. Cereais, grãos

grão (m)	ḥubūb (pl)	حبوب
cereais (plantas)	maḥāṣīl al ḥubūb (pl)	محاصيل الحبوب
espiga (f)	sumbula (f)	سنبلة

trigo (m)	qamḥ (m)	قمح
centeio (m)	ʒāwdār (m)	جاودار
aveia (f)	ʃūfān (m)	شوفان

| milho-miúdo (m) | duxn (m) | دخن |
| cevada (f) | ʃaʿīr (m) | شعير |

milho (m)	ðura (f)	ذرة
arroz (m)	urz (m)	أرز
trigo-sarraceno (m)	ḥinṭa sawdā' (f)	حنطة سوداء

ervilha (f)	bisilla (f)	بسلة
feijão (m)	faṣūliya (f)	فاصوليا
soja (f)	fūl aṣ ṣūya (m)	فول الصويا
lentilha (f)	'adas (m)	عدس
fava (f)	fūl (m)	فول

GEOGRAFIA REGIONAL

Países. Nacionalidades

192. Política. Governo. Parte 1

política (f)	siyāsa (f)	سياسة
político	siyāsiy	سياسيّ
político (m)	siyāsiy (m)	سياسي
estado (m)	dawla (f)	دولة
cidadão (m)	muwāṭin (m)	مواطن
cidadania (f)	ʒinsiyya (f)	جنسية
brasão (m) de armas	ʃiʿār waṭaniy (m)	شعار وطنيّ
hino (m) nacional	naʃīd waṭaniy (m)	نشيد وطنيّ
governo (m)	ḥukūma (f)	حكومة
Chefe (m) de Estado	ra's ad dawla (m)	رأس الدولة
parlamento (m)	barlamān (m)	برلمان
partido (m)	ḥizb (m)	حزب
capitalismo (m)	ra'smāliyya (f)	رأسماليّة
capitalista	ra'smāliy	رأسماليّ
socialismo (m)	iʃtirākiyya (f)	إشتراكيّة
socialista	iʃtirākiy	إشتراكيّ
comunismo (m)	ʃuyūʿiyya (f)	شيوعيّة
comunista	ʃuyūʿiy	شيوعيّ
comunista (m)	ʃuyūʿiy (m)	شيوعي
democracia (f)	dimuqraṭiyya (f)	ديموقراطيّة
democrata (m)	dimuqrāṭiy (m)	ديموقراطيّ
democrático	dimuqrāṭiy	ديموقراطيّ
Partido (m) Democrático	al ḥizb ad dimukrāṭiy (m)	الحزب الديموقراطيّ
liberal (m)	libirāliy (m)	ليبراليّ
liberal	libirāliy	ليبراليّ
conservador (m)	muḥāfiẓ (m)	محافظ
conservador	muḥāfiẓ	محافظ
república (f)	ʒumhūriyya (f)	جمهوريّة
republicano (m)	ʒumhūriy (m)	جمهوريّ
Partido (m) Republicano	al ḥizb al ʒumhūriy (m)	الحزب الجمهوريّ
eleições (f pl)	intixābāt (pl)	إنتخابات
eleger (vt)	intaxab	إنتخب
eleitor (m)	nāxib (m)	ناخب

campanha (f) eleitoral	ḥamla intiҳābiyya (f)	حملة إنتخابيّة
votação (f)	taṣwīt (m)	تصويت
votar (vi)	ṣawwat	صوّت
direito (m) de voto	ḥaqq al intiҳāb (m)	حقّ الإنتخاب

candidato (m)	muraʃʃaḥ (m)	مرشّح
candidatar-se (vi)	raʃʃaḥ nafsahu	رشّح نفسه
campanha (f)	ḥamla (f)	حملة

| da oposição | mu'āriḍ | معارض |
| oposição (f) | mu'āraḍa (f) | معارضة |

visita (f)	ziyāra (f)	زيارة
visita (f) oficial	ziyāra rasmiyya (f)	زيارة رسميّة
internacional	duwaliy	دولي

| negociações (f pl) | mubāḥaθāt (pl) | مباحثات |
| negociar (vi) | aʒra mubāḥaθāt | أجرى مباحثات |

193. Política. Governo. Parte 2

sociedade (f)	muʒtama' (m)	مجتمع
constituição (f)	dustūr (m)	دستور
poder (ir para o ~)	sulṭa (f)	سلطة
corrupção (f)	fasād (m)	فساد

| lei (f) | qānūn (m) | قانون |
| legal | qānūniy | قانوني |

| justiça (f) | 'adāla (f) | عدالة |
| justo | 'ādil | عادل |

comité (m)	laʒna (f)	لجنة
projeto-lei (m)	maʃrū' qānūn (m)	مشروع قانون
orçamento (m)	mīzāniyya (f)	ميزانيّة
política (f)	siyāsa (f)	سياسة
reforma (f)	iṣlāḥ (m)	إصلاح
radical	radikāliy	راديكالي

força (f)	quwwa (f)	قوّة
poderoso	qawiy	قوي
partidário (m)	mu'ayyid (m)	مؤيّد
influência (f)	ta'θīr (m)	تأثير

regime (m)	niẓām ḥukm (m)	نظام حكم
conflito (m)	ҳilāf (m)	خلاف
conspiração (f)	mu'āmara (f)	مؤامرة
provocação (f)	istifzāz (m)	إستفزاز

derrubar (vt)	asqaṭ	أسقط
derrube (m), queda (f)	isqāṭ (m)	إسقاط
revolução (f)	θawra (f)	ثورة
golpe (m) de Estado	inqilāb (m)	إنقلاب
golpe (m) militar	inqilāb 'askariy (m)	إنقلاب عسكري

crise (f)	azma (f)	أزمة
recessão (f) económica	rukūd iqtiṣādiy (m)	ركود إقتصاديّ
manifestante (m)	mutaẓāhir (m)	متظاهر
manifestação (f)	muẓāhara (f)	مظاهرة
lei (f) marcial	al aḥkām al ʿurfiyya (pl)	الأحكام العرفيّة
base (f) militar	qaʿida ʿaskariyya (f)	قاعدة عسكريّة

estabilidade (f)	istiqrār (m)	إستقرار
estável	mustaqirr	مستقرّ

exploração (f)	istiɣlāl (m)	إستغلال
explorar (vt)	istaɣall	إستغلّ

racismo (m)	ʿunṣuriyya (f)	عنصريّة
racista (m)	ʿunṣuriy (m)	عنصريّ
fascismo (m)	fāʃiyya (f)	فاشيّة
fascista (m)	fāʃiy (m)	فاشيّ

194. Países. Diversos

estrangeiro (m)	aʒnabiy (m)	أجنبيّ
estrangeiro	aʒnabiy	أجنبيّ
no estrangeiro	fil xāriʒ	في الخارج

emigrante (m)	nāziḥ (m)	نازح
emigração (f)	nuziḥ (m)	نزوح
emigrar (vi)	nazūḥ	نزح

Ocidente (m)	al ɣarb (m)	الغرب
Oriente (m)	aʃ ʃarq (m)	الشرق
Extremo Oriente (m)	aʃ ʃarq al aqṣa (m)	الشرق الأقصى

civilização (f)	ḥaḍāra (f)	حضارة
humanidade (f)	al baʃariyya (f)	البشريّة
mundo (m)	al ʿālam (m)	العالم
paz (f)	salām (m)	سلام
mundial	ʿālamiy	عالميّ

pátria (f)	waṭan (m)	وطن
povo (m)	ʃaʿb (m)	شعب
população (f)	sukkān (pl)	سكّان
gente (f)	nās (pl)	ناس
nação (f)	umma (f)	أمّة
geração (f)	ʒīl (m)	جيل

território (m)	arḍ (f)	أرض
região (f)	mintaqa (f)	منطقة
estado (m)	wilāya (f)	ولاية

tradição (f)	taqlīd (m)	تقليد
costume (m)	ʿāda (f)	عادة
ecologia (f)	ʿilm al bīʾa (m)	علم البيئة
índio (m)	hindiy aḥmar (m)	هنديّ أحمر
cigano (m)	ɣaʒariy (m)	غجريّ

cigana (f)	ɣaʒariyya (f)	غجرية
cigano	ɣaʒariy	غجري

império (m)	imbiraṭuriyya (f)	امبراطورية
colónia (f)	mustaʿmara (f)	مستعمرة
escravidão (f)	ʿubūdiyya (f)	عبودية
invasão (f)	ɣazw (m)	غزو
fome (f)	maʒāʿa (f)	مجاعة

195. Grupos religiosos mais importantes. Confissões

religião (f)	dīn (m)	دين
religioso	dīniy	ديني

crença (f)	'īmān (m)	إيمان
crer (vt)	'āman	آمن
crente (m)	mu'min (m)	مؤمن

ateísmo (m)	al ilḥād (m)	الإلحاد
ateu (m)	mulḥid (m)	ملحد

cristianismo (m)	al masīḥiyya (f)	المسيحية
cristão (m)	masīḥiy (m)	مسيحي
cristão	masīḥiy	مسيحي

catolicismo (m)	al kaθūlikiyya (f)	الكاثوليكية
católico (m)	kaθulīkiy (m)	كاثوليكي
católico	kaθulīkiy	كاثوليكي

protestantismo (m)	al brutistantiyya (f)	البروتستانتية
Igreja (f) Protestante	al kanīsa al brutistantiyya (f)	الكنيسة البروتستانتية
protestante (m)	brutistantiy (m)	بروتستانتي

ortodoxia (f)	urθuðuksiyya (f)	الأرثوذكسية
Igreja (f) Ortodoxa	al kanīsa al urθuðuksiyya (f)	الكنيسة الأرثوذكسية
ortodoxo (m)	urθuðuksiy (m)	أرثوذكسي

presbiterianismo (m)	maʃīxiyya (f)	المشيخية
Igreja (f) Presbiteriana	al kanīsa al maʃīxiyya (f)	الكنيسة المشيخية
presbiteriano (m)	maʃīxiy (m)	مشيخي

Igreja (f) Luterana	al kanīsa al luθiriyya (f)	الكنيسة اللوثرية
luterano (m)	luθiriy (m)	لوثري

Igreja (f) Batista	al kanīsa al maʿmadāniyya (f)	الكنيسة المعمدانية
batista (m)	maʿmadāniy (m)	معمداني

Igreja (f) Anglicana	al kanīsa al anʒlikāniyya (f)	الكنيسة الإنجليكانية
anglicano (m)	anʒlikāniy (m)	أنجليكاني
mormonismo (m)	al murumūniyya (f)	المورمونية
mórmon (m)	masīḥiy murmūn (m)	مسيحي مرمون

Judaísmo (m)	al yahūdiyya (f)	اليهودية
judeu (m)	yahūdiy (m)	يهودي

budismo (m)	al būðiyya (f)	البوذيّة
budista (m)	būðiy (m)	بوذيّ
hinduísmo (m)	al hindūsiyya (f)	الهندوسيّة
hindu (m)	hindūsiy (m)	هندوسيّ
Islão (m)	al islām (m)	الإسلام
muçulmano (m)	muslim (m)	مسلم
muçulmano	islāmiy	إسلاميّ
Xiismo (m)	al maðhab aʃʃīiy (m)	المذهب الشيعيّ
xiita (m)	ʃīiy (m)	شيعيّ
sunismo (m)	al maðhab as sunniy (m)	المذهب السنّيّ
sunita (m)	sunniy (m)	سنّيّ

196. Religiões. Padres

padre (m)	qissīs (m), kāhin (m)	قسّيس، كاهن
Papa (m)	al bāba (m)	البابا
monge (m)	rāhib (m)	راهب
freira (f)	rāhiba (f)	راهبة
pastor (m)	qissīs (m)	قسّيس
abade (m)	raʾīs ad dayr (m)	رئيس الدير
vigário (m)	viqār (m)	فيقار
bispo (m)	usquf (m)	أسقف
cardeal (m)	kardināl (m)	كاردينال
pregador (m)	tabʃīr (m)	تبشير
sermão (m)	xuṭba (f)	خطبة
paroquianos (pl)	raʿiyyat al abraʃiyya (f)	رعية الأبرشيّة
crente (m)	muʾmin (m)	مؤمن
ateu (m)	mulḥid (m)	ملحد

197. Fé. Cristianismo. Islão

Adão	ʾādam (m)	آدم
Eva	ḥawāʾ (f)	حوّاء
Deus (m)	allah (m)	الله
Senhor (m)	ar rabb (m)	الربّ
Todo Poderoso (m)	al qadīr (m)	القدير
pecado (m)	ðamb (m)	ذنب
pecar (vi)	aðnab	أذنب
pecador (m)	muðnib (m)	مذنب
pecadora (f)	muðniba (f)	مذنبة
inferno (m)	al ʒaḥīm (f)	الجحيم
paraíso (m)	al ʒanna (f)	الجنّة

Jesus	yasū' (m)	يسوع
Jesus Cristo	yasū' al masīḥ (m)	يسوع المسيح
Espírito (m) Santo	ar rūḥ al qudus (m)	الروح القدس
Salvador (m)	al masīḥ (m)	المسيح
Virgem Maria (f)	maryam al 'aðrā' (f)	مريم العذراء
Diabo (m)	aʃ ʃayṭān (m)	الشيطان
diabólico	ʃayṭāniy	شيطانيّ
Satanás (m)	aʃ ʃayṭān (m)	الشيطان
satânico	ʃayṭāniy	شيطانيّ
anjo (m)	malāk (m)	ملاك
anjo (m) da guarda	malāk ḥāris (m)	ملاك حارس
angélico	malā'ikiy	ملائكيّ
apóstolo (m)	rasūl (m)	رسول
arcanjo (m)	al malak ar raʾisiy (m)	الملك الرئيسي
anticristo (m)	al masīḥ ad daʒʒāl (m)	المسيح الدجّال
Igreja (f)	al kanīsa (f)	الكنيسة
Bíblia (f)	al kitāb al muqaddas (m)	الكتاب المقدّس
bíblico	tawrātiy	توراتيّ
Velho Testamento (m)	al 'ahd al qadīm (m)	العهد القديم
Novo Testamento (m)	al 'ahd al ʒadīd (m)	العهد الجديد
Evangelho (m)	inʒīl (m)	إنجيل
Sagradas Escrituras (f pl)	al kitāb al muqaddas (m)	الكتاب المقدّس
Céu (m)	al ʒanna (f)	الجنّة
mandamento (m)	waṣiyya (f)	وصيّة
profeta (m)	nabiy (m)	نبيّ
profecia (f)	nubū'a (f)	نبوءة
Alá	allah (m)	الله
Maomé	muḥammad (m)	محمّد
Corão, Alcorão (m)	al qur'ān (m)	القرآن
mesquita (f)	masʒid (m)	مسجد
mulá (m)	mulla (m)	مُلّا
oração (f)	ṣalāt (f)	صلاة
rezar, orar (vi)	ṣalla	صلّى
peregrinação (f)	ḥaʒʒ (m)	حجّ
peregrino (m)	ḥāʒʒ (m)	حاجّ
Meca (f)	makka al mukarrama (f)	مكّة المكرّمة
igreja (f)	kanīsa (f)	كنيسة
templo (m)	ma'bad (m)	معبد
catedral (f)	katidrā'iyya (f)	كاتدرائيّة
gótico	qūṭiy	قوطيّ
sinagoga (f)	kanīs ma'bad yahūdiy (m)	كنيس معبد يهوديّ
mesquita (f)	masʒid (m)	مسجد
capela (f)	kanīsa saɣīra (f)	كنيسة صغيرة
abadia (f)	dayr (m)	دير

convento (m)	dayr (m)	دير
mosteiro (m)	dayr (m)	دير
sino (m)	ʒaras (m)	جرس
campanário (m)	burʒ al ʒaras (m)	برج الجرس
repicar (vi)	daqq	دقّ
cruz (f)	ṣalīb (m)	صليب
cúpula (f)	qubba (f)	قبّة
ícone (m)	ʾīkūna (f)	ايقونة
alma (f)	nafs (f)	نفس
destino (m)	maṣīr (m)	مصير
mal (m)	ʃarr (m)	شرّ
bem (m)	χayr (m)	خير
vampiro (m)	maṣṣāṣ dimāʾ (m)	مصّاص دماء
bruxa (f)	sāḥira (f)	ساحرة
demónio (m)	ʃayṭān (m)	شيطان
espírito (m)	rūḥ (m)	روح
redenção (f)	takfīr (m)	تكفير
redimir (vt)	kaffar ʿan	كفّر عن
missa (f)	qaddās (m)	قدّاس
celebrar a missa	alqa χuṭba bil kanīsa	ألقى خطبة بالكنيسة
confissão (f)	iʿtirāf (m)	إعتراف
confessar-se (vr)	iʿtaraf	إعترف
santo (m)	qiddīs (m)	قدّيس
sagrado	muqaddas (m)	مقدّس
água (f) benta	māʾ muqaddas (m)	ماء مقدّس
ritual (m)	ṭuqūs (pl)	طقوس
ritual	ṭuqūsiy	طقوسيّ
sacrifício (m)	ðabīḥa (f)	ذبيحة
superstição (f)	χurāfa (f)	خرافة
supersticioso	muʾmin bil χurāfāt (m)	مؤمن بالخرافات
vida (f) depois da morte	al ʾāχira (f)	الآخرة
vida (f) eterna	al ḥayāt al abadiyya (f)	الحياة الأبدية

TEMAS DIVERSOS

198. Várias palavras úteis

ajuda (f)	musāʿada (f)	مساعدة
barreira (f)	ḥāʒiz (m)	حاجز
base (f)	asās (m)	أساس
categoria (f)	fiʾa (f)	فئة
causa (f)	sabab (m)	سبب
coincidência (f)	ṣudfa (f)	صدفة
coisa (f)	ʃayʾ (m)	شيء
começo (m)	bidāya (f)	بداية
cómodo (ex. poltrona ~a)	murīḥ	مريح
comparação (f)	muqārana (f)	مقارنة
compensação (f)	taʿwīḍ (m)	تعويض
crescimento (m)	numuww (m)	نمو
desenvolvimento (m)	tanmiya (f)	تنمية
diferença (f)	farq (m)	فرق
efeito (m)	taʾθīr (m)	تأثير
elemento (m)	ʿunṣur (m)	عنصر
equilíbrio (m)	tawāzun (m)	توازن
erro (m)	χaṭaʾ (m)	خطأ
esforço (m)	ʒuhd (m)	جهد
estilo (m)	uslūb (m)	أسلوب
exemplo (m)	miθāl (m)	مثال
facto (m)	ḥaqīqa (f)	حقيقة
fim (m)	nihāya (f)	نهاية
forma (f)	ʃakl (m)	شكل
frequente	mutakarrir (m)	متكرّر
fundo (ex. ~ verde)	χalfiyya (f)	خلفيّة
género (tipo)	nawʿ (m)	نوع
grau (m)	daraʒa (f)	درجة
ideal (m)	miθāl (m)	مثال
labirinto (m)	tayh (m)	تيه
modo (m)	ṭarīqa (f)	طريقة
momento (m)	laḥẓa (f)	لحظة
objeto (m)	mawḍūʿ (m)	موضوع
obstáculo (m)	ʿaqba (f)	عقبة
original (m)	aṣl (m)	أصل
padrão	qiyāsiy	قياسيّ
padrão (m)	qiyās (m)	قياس
paragem (pausa)	istirāḥa (f)	إستراحة
parte (f)	ʒuzʾ (m)	جزء

partícula (f)	ʒuz' (m)	جزء
pausa (f)	istirāḥa (f)	إستراحة
posição (f)	mawqif (m)	موقف
princípio (m)	mabda' (m)	مبدأ

problema (m)	muʃkila (f)	مشكلة
processo (m)	ʿamaliyya (f)	عمليّة
progresso (m)	taqaddum (m)	تقدّم
propriedade (f)	χaṣṣa (f)	خاصّة

reação (f)	radd fiʿl (m)	ردّ فعل
risco (m)	muχāṭara (f)	مخاطرة
ritmo (m)	surʿa (f)	سرعة
segredo (m)	sirr (m)	سرّ
série (f)	silsila (f)	سلسلة

sistema (m)	niẓām (m)	نظام
situação (f)	ḥāla (f), waḍʿ (m)	حالة، وضع
solução (f)	ḥall (m)	حلّ
tabela (f)	ʒadwal (m)	جدول
termo (ex. ~ técnico)	muṣṭalaḥ (m)	مصطلح

tipo (m)	nawʿ (m)	نوع
urgente	ʿāʒil	عاجل
urgentemente	ʿāʒilan	عاجلًا
utilidade (f)	manfaʿa (f)	منفعة

variante (f)	ʃakl muχtalif (m)	شكل مختلف
variedade (f)	iχtiyār (m)	إختيار
verdade (f)	ḥaqīqa (f)	حقيقة
vez (f)	dawr (m)	دور
zona (f)	mintaqa (f)	منطقة